Integrität im Managementalltag

Patrick S. Renz • Bruno Frischherz
Irena Wettstein

Integrität im Managementalltag

Ethische Dilemmas im Managementalltag erfassen und lösen

Patrick S. Renz
Fastenopfer Direktion
Luzern
Schweiz

Irena Wettstein
Winterthur
Schweiz

Bruno Frischherz
Wirtschaft, Hochschule Luzern
Luzern
Schweiz

ISBN 978-3-662-44417-7   ISBN 978-3-662-44418-4 (eBook)
DOI 10.1007/978-3-662-44418-4

Die Deutsche Nationalbibliothek verzeichnet diese Publikation in der Deutschen Nationalbibliografie; detaillierte bibliografische Daten sind im Internet über http://dnb.d-nb.de abrufbar.

Springer Gabler
© Springer-Verlag Berlin Heidelberg 2015
Das Werk einschließlich aller seiner Teile ist urheberrechtlich geschützt. Jede Verwertung, die nicht ausdrücklich vom Urheberrechtsgesetz zugelassen ist, bedarf der vorherigen Zustimmung des Verlags. Das gilt insbesondere für Vervielfältigungen, Bearbeitungen, Übersetzungen, Mikroverfilmungen und die Einspeicherung und Verarbeitung in elektronischen Systemen.

Die Wiedergabe von Gebrauchsnamen, Handelsnamen, Warenbezeichnungen usw. in diesem Werk berechtigt auch ohne besondere Kennzeichnung nicht zu der Annahme, dass solche Namen im Sinne der Warenzeichen- und Markenschutz-Gesetzgebung als frei zu betrachten wären und daher von jedermann benutzt werden dürften.

Lektorat: Michael Bursik, *Assistenz:* Janina Sobolewski

Gedruckt auf säurefreiem und chlorfrei gebleichtem Papier

Springer Gabler ist eine Marke von Springer DE. Springer DE ist Teil der Fachverlagsgruppe Springer Science+Business Media
www.springer-gabler.de

Vorwort

Seit mehren Jahren unterrichten wir im MBA Luzern das Thema „Werte & Verantwortung". Dabei haben sich im Lauf der Zeit zahlreiche Materialien, Konzepte und Fallbeispiele angesammelt, die wir nun gerne in systematischer Form einem breiten Publikum als Einführung in das Integritätsmanagement zugänglich machen. Die Grundlage legten mehrere wissenschaftliche Forschungsarbeiten (Renz 2007; Wettstein 2011; Renz und Böhrer 2012).

Wir haben die vorliegende Einführung für Manager und Managerinnen geschrieben, die Interesse an ethischen Fragen haben. Das Buch soll helfen, das ungute Bauchgefühl bei ethischen Dilemmas aufzulösen und die Dilemmas durch systematisches Durchdenken einer Lösung zuzuführen.

Diese Einführung ist in drei Kapitel gegliedert: Das erste Kapitel enthält Modelle und Konzepte zum Integritätsmanagement. Dabei ist ein kleiner Abstecher in die Philosophie unumgänglich. Das zweite Kapitel umfasst 25 Dilemmas aus dem Führungsalltag mit systematischen Analysen und Vorschlägen zum Vorgehen. Im dritten Kapitel machen wir zahlreiche Vorschläge, wie Integrität in Organisationen implementiert werden kann. Wir betrachten diese Vorschläge als Good Practices eines zeitgemässen Integritätsmanagements.

Ein herzliches Dankeschön geht an Eva Wettstein, die uns mit ihrem akribischen Lektorat sehr unterstützt hat.

Wir wünschen den Lesern und Leserinnen eine anregende Lektüre und freuen uns über jede Form von Feedback.

Luzern, im Juni 2014
Patrick Renz
Bruno Frischherz
Irena Wettstein

Inhaltsverzeichnis

1	**Integritätsmanagement im Überblick**		1
1.1	Was ist Integritätsmanagement?		2
	1.1.1	Verantwortung im Unternehmen	2
	1.1.2	Die drei Ebenen der Wirtschafts- und Unternehmensethik	3
	1.1.3	Provisorische Definition der Integrität	4
	1.1.4	Die drei Bereiche einer integren Unternehmensführung	5
1.2	Die Grundbegriffe und Paradigmen der Ethik		6
	1.2.1	Grundbegriffe und Definitionen	6
	1.2.2	Überblick über die ethischen Paradigmen	9
	1.2.3	Tugendethik/Gesinnungsethik	9
	1.2.4	Pflichtenethik	10
	1.2.5	Folgenethik	11
	1.2.6	Anerkennungsethik	12
	1.2.7	Diskursethik	14
1.3	Spannungsfelder und Dilemmas in Organisationen		16
	1.3.1	Zum Begriff „Spannungsfeld"	16
	1.3.2	Beispiele ethischer Spannungsfelder	17
	1.3.3	Spannungsfelder analysieren – ethische Dilemmas erfassen: einige Tipps	20
	1.3.4	Eine Liste von Spannungsfeldern	23
	1.3.5	Definition der „Nicht-Integrität" einer Organisation	23
1.4	Leitideen als ethisches Fundament für Entscheidungen		24
	1.4.1	Sieben Leitideen guter Zusammenarbeit	24
	1.4.2	Leitidee R1: Emotionale Anerkennung	26
	1.4.3	Leitidee R2: Rechtlich-politische Anerkennung	26
	1.4.4	Leitidee R3: Soziale Anerkennung	27

	1.4.5	Leitidee D1: Verständigungsorientierte Einstellung	28
	1.4.6	Leitidee D2: Interesse an legitimem Handeln	28
	1.4.7	Leitidee D3: Differenzierte Verantwortung	29
	1.4.8	Leitidee D4: Öffentlicher Diskurs	30
1.5		Der Prozess des Integritätsmanagements	31
	1.5.1	Das Ablaufschema zur Lösung ethischer Dilemmas	31
	1.5.2	Schritt 1: Sensibilisierung und Engagement	32
	1.5.3	Schritt 2: Analyse der Spannungsfelder	32
	1.5.4	Schritt 3: Lösungssuche und Entscheidung	33
	1.5.5	Schritt 4: Umsetzung der Lösung	34
	1.5.6	Schritt 5: Organisationsentwicklung und Monitoring	34
	1.5.7	Definition der Integrität einer Organisation	35
Literatur			36

2 Fallbeispiele zum Integritätsmanagement ... 39

2.1		Übersicht zu den Fallbeispielen	40
2.2		Fallbeispiele zum Bereich „Prinzipien"	41
	2.2.1	Korruption, Bestechung, Schmiergelder	41
	2.2.2	Geschenke und Gefälligkeiten	43
	2.2.3	Lobbying und Parteienfinanzierung	46
	2.2.4	Transparente Produktinformation	48
	2.2.5	Faire Preispolitik	49
	2.2.6	Diskriminierung bei der Rekrutierung	51
	2.2.7	Gleichberechtigung	53
	2.2.8	Religiosität am Arbeitsplatz	56
2.3		Fallbeispiele zum Bereich „Prozesse"	57
	2.3.1	Zulieferkette	57
	2.3.2	Umstrittene Aufträge	60
	2.3.3	Auftragsvergabe: das billigste Angebot	62
	2.3.4	Produktequalität und -sicherheit	64
	2.3.5	Gesundheit und Sicherheit am Arbeitsplatz	66
	2.3.6	Informelle Kanäle – am Dienstweg vorbei	68
	2.3.7	Leistungsmessung und Leistungsbeurteilung	70
	2.3.8	Faire Lohnsysteme	71
	2.3.9	Entlassung	74
2.4		Fallbeispiele zum Bereich „Menschen"	76
	2.4.1	Persönliche Überzeugungen	76
	2.4.2	Hintergedanken – Hidden Agendas	78
	2.4.3	Whistleblowing	80

		2.4.4	Loyalität gegenüber dem Arbeitgeber	82
		2.4.5	Reaktion auf Fehlverhalten	84
		2.4.6	Alkoholproblem	85
		2.4.7	Mobbing	87
		2.4.8	Sexuelle Belästigung	90
	Literatur			92
3	Good Practices im Integritätsmanagement			95
	3.1	Übersicht zu den Good Practices		96
	3.2	Good Practices im Bereich „Prinzipien"		97
		3.2.1	Leitlinien-Workshop	97
		3.2.2	Leitbild und Verhaltenskodex	98
		3.2.3	Dialog mit Anspruchsgruppen	98
		3.2.4	Ethikprogramme	99
		3.2.5	Internationale Ethikstandards	100
	3.3	Good Practices im Bereich „Prozesse"		102
		3.3.1	Diskursive Rollenklärung	102
		3.3.2	Regelmässiger Reflexionsraum	103
		3.3.3	Ethik-Hotline und Ethikbeauftragte	103
		3.3.4	Checklisten zur Korruptionsbekämpfung	104
		3.3.5	Compliance-Radar	104
		3.3.6	Software zum Integritätsmanagement	104
	3.4	Good Practices im Bereich „Menschen"		105
		3.4.1	Führungskräfte als Vorbilder	105
		3.4.2	Workshop zu Spannungsfeldern	106
		3.4.3	Ethik-Spiel mit Multiple-Choice-Fragen	107
		3.4.4	Weiterbildung zur ethischen Kompetenz	108
	3.5	Zum Schluss		108
	Literatur			109

Sachverzeichnis 111

Abbildungsverzeichnis

Abb. 1.1	Integrität auf den Ebenen der Wirtschafts- und Unternehmensethik	4
Abb. 1.2	Die drei Bereiche einer integren Unternehmensführung	6
Abb. 1.3	Verhaltenskodex eines internationalen Unternehmens	17
Abb. 1.4	Formelle und informelle Kanäle	19
Abb. 1.5	Spannungsfeld „Informelle Kanäle"	19
Abb. 1.6	Darstellung eines Spannungsfelds mit IST und SOLL	21
Abb. 1.7	Anordnung von Spannungsfeldern nach organisationalen Themen	24
Abb. 1.8	Sieben Leitideen guter Zusammenarbeit	25
Abb. 1.9	Das Ablaufschema zur Lösung ethischer Dilemmas	31
Abb. 1.10	Aufgaben im Integritätsmanagement	36
Abb. 2.1	Übersicht zu den Fallbeispielen	40
Abb. 2.2	Spannungsfeld „Korruption, Bestechung, Schmiergelder"	42
Abb. 2.3	Spannungsfeld „Geschenke und Gefälligkeiten"	45
Abb. 2.4	Spannungsfeld „Lobbying und Parteienfinanzierung"	47
Abb. 2.5	Spannungsfeld „Transparente Produktinformation"	49
Abb. 2.6	Spannungsfeld „Faire Preispolitik"	51
Abb. 2.7	Spannungsfeld „Diskriminierung bei der Rekrutierung"	53
Abb. 2.8	Spannungsfeld „Gleichberechtigung"	55
Abb. 2.9	Spannungsfeld „Religiosität am Arbeitsplatz"	57
Abb. 2.10	Spannungsfeld „Zulieferkette"	59
Abb. 2.11	Spannungsfeld „Umstrittene Aufträge"	61
Abb. 2.12	Spannungsfeld „Auftragsvergabe: das billigste Angebot"	63
Abb. 2.13	Spannungsfeld „Produktequalität und -sicherheit"	65
Abb. 2.14	Spannungsfeld „Gesundheit und Sicherheit am Arbeitsplatz" ...	67
Abb. 2.15	Spannungsfeld „Informelle Kanäle – am Dienstweg vorbei" ...	69
Abb. 2.16	Spannungsfeld „Leistungsmessung und Leistungsbeurteilung" ...	72

Abb. 2.17	Spannungsfeld „Faire Lohnsysteme"	73
Abb. 2.18	Spannungsfeld „Entlassung"	75
Abb. 2.19	Spannungsfeld „Persönliche Überzeugungen"	77
Abb. 2.20	Spannungsfeld „Hintergedanken – Hidden Agendas"	79
Abb. 2.21	Spannungsfeld „Whistleblowing"	81
Abb. 2.22	Spannungsfeld „Loyalität gegenüber dem Arbeitgeber"	83
Abb. 2.23	Spannungsfeld „Reaktion auf Fehlverhalten"	85
Abb. 2.24	Spannungsfeld „Alkoholproblem"	87
Abb. 2.25	Spannungsfeld „Mobbing"	89
Abb. 2.26	Spannungsfeld „Sexuelle Belästigung"	91
Abb. 3.1	Übersicht zu den Good Practices	96
Abb. 3.2	Sieben Leitideen guter Zusammenarbeit	97
Abb. 3.3	Schema zur Rollenklärung im Integritätsmanagement	102
Abb. 3.4	Beispiel für eine Multiple-Choice-Frage	107

Tabellenverzeichnis

Tab. 1.1	Elemente der Unternehmensverantwortung	3
Tab. 1.2	Vergleich der Begriffe „Moral" und „Ethik"	8
Tab. 1.3	Übersicht der Typen ethischen Argumentierens	9
Tab. 1.4	Die sieben Kardinaltugenden	10
Tab. 3.1	Compliance- und Integritätsprogramme	100
Tab. 3.2	Die zehn Prinzipien des UN Global Compact	101

Integritätsmanagement im Überblick 1

Zusammenfassung

Das Kapitel bietet einen kurzen Überblick über Konzepte und Modelle der Ethik und des Integritätsmanagements. Zunächst werden die Begriffe „Verantwortung" und „Integrität" im wirtschaftlichen Zusammenhang definiert und erläutert. Dann werden fünf Ansätze der allgemeinen Ethik kurz vorgestellt, d. h. die Tugendethik, die Pflichtenethik, die Folgenethik, die Anerkennungsethik und die Diskursethik.

Die beiden zentralen Begriffe des Kapitels sind die ethischen Spannungsfelder und die Leitideen guter Zusammenarbeit. Mit Hilfe der Spannungsfelder können ethische Dilemmas im Unternehmensalltag erfasst und in ihre IST- und SOLL-Komponenten zerlegt werden. Die Leitideen basieren auf den Ansätzen der Diskurs- und der Anerkennungsethik und bilden das ethische Fundament für Managemententscheidungen.

Anschliessend wird ein Ablaufschema vorgestellt, mit dessen Hilfe ethische Dilemmas in einem geordneten Prozess einer Lösung zugeführt werden.

Das Kapitel schliesst mit der Definition des Begriffs „Integrität": Eine Organisation ist integer, wenn sie ethische Spannungsfelder fortlaufend erkennt, nach den Leitideen der Diskursethik und Anerkennungsethik analysiert und als Teil der normalen Managementaufgaben löst.

Das Ziel dieses ersten Kapitels ist es, den Lesenden einen kurzen Überblick über Konzepte und Modelle der Ethik und des Integritätsmanagements zu geben.

1.1 Was ist Integritätsmanagement?

1.1.1 Verantwortung im Unternehmen

Individuelle Personen tragen Verantwortung für ihr Handeln. Sie richten ihr Handeln nach moralischen oder ethischen Grundsätzen aus und ermöglichen so ein gutes Zusammenleben mit anderen Personen. Wenn sie gegen herrschende Regeln oder Gesetze verstossen, werden sie zur Verantwortung gezogen, bei einem rechtlichen Vergehen auch bestraft. Inwiefern trägt nun eine Institution wie ein Unternehmen eine Verantwortung?

Noch vor wenigen Jahren galt es unter vielen Ökonomen als selbstverständlich, dass Unternehmen keine direkte Verantwortung tragen. So vertrat beispielsweise Milton Friedman, Nobelpreisträger der Ökonomie, die Ansicht, die einzige moralische Verantwortung des Managements bestehe darin, den Unternehmensgewinn zu steigern (Dux 2008). Seit ökologische, ökonomische und soziale Krisen zunehmen, stellt sich auch für Unternehmen verstärkt die Frage nach der Verantwortung für ihr Handeln. Unternehmen sind nicht nur juristische Personen, sondern sollen auch ethisch zur Verantwortung gezogen werden. Vernachlässigte Unternehmensverantwortung führte in den letzten Jahren wiederholt zu grossen ökologischen und sozialen Schäden, aber auch zu Reputationsverlusten und damit zu Wertverlusten. Inzwischen sehen viele Unternehmen Unternehmensverantwortung als einen Aufgabenbereich, der genauso gemanagt werden muss wie etwa der Einkauf, die Produktion, das Marketing oder die Kommunikation – nicht zuletzt auch aus eigenen ökonomischen Interessen.

Worin besteht nun aber die Verantwortung eines Unternehmens genau? Diese grundsätzliche Frage lässt sich nicht pauschal beantworten. Verantwortung zu tragen heisst, für eine Person oder eine Sache einzustehen und auch kritische Fragen zu beantworten. Ein Überblick über die Elemente der Unternehmensverantwortung lässt sich am besten anhand folgender Frage geben: Wer trägt die Verantwortung für wen oder was, wie und vor wem? Die Tab. 1.1 bietet einen Überblick über Elemente der Unternehmensverantwortung.

Das Subjekt trägt also für das Objekt auf eine bestimmte Art und Weise die Verantwortung und hat sich vor einer Instanz zu verantworten. So trägt beispielsweise das Management die Verantwortung für das Erreichen der Jahresziele, aber auch für gute Produkte, faire Zusammenarbeit mit Partnern, für gerechte Entlohnung der Mitarbeitenden, für menschenwürdige Arbeitsbedingungen in der Zulieferkette usw. Die Beziehung zwischen Verantwortungssubjekt und -objekt kann mehr oder weniger direkt sein, wie das Beispiel der Zulieferkette zeigt. Die Instanz, vor der sich das Management verantworten muss, sind nicht nur die Eigentümer des Unter-

1.1 Was ist Integritätsmanagement?

Tab. 1.1 Elemente der Unternehmensverantwortung. (Göbel 2013, S. 110)

Subjekte der Verantwortung	Objekte der Verantwortung	Verantwortungsrelation	Instanz der Verantwortung
Wer hat für etwas einzutreten?	*Für wen oder was* hat das Subjekt einzutreten?	*Welche Beziehung* besteht zwischen Subjekt und Objekt	*Vor wem* hat man sich zu verantworten?
Führungskräfte	Aufgaben	Wie weit reicht die Verantwortung eines Subjekts	Gerichte
Mitarbeiter	Handlungen	Welches Subjekt ist für ein gegebenes Objekt verantwortlich?	Öffentlichkeit
Unternehmen (Konsumenten Investoren Politiker)	Unterlassungen Entscheidungen Folgen Adressaten Zustand Güter Werte		Gott Vernunft Gewissen

nehmens, sondern die verschiedenen Anspruchsgruppen wie Mitarbeitende, Zulieferer, Partner, Öffentlichkeit. Konflikte zwischen den Ansprüchen verschiedener Gruppen sind der Normalfall, und das Management bedarf eines guten Urteilsvermögens, um gerechte Entscheidungen zu fällen und umsetzbare Lösungen zu finden.

1.1.2 Die drei Ebenen der Wirtschafts- und Unternehmensethik

Um ein unternehmensethisches Problem besser analysieren zu können, ist es hilfreich, drei Ebenen zu unterscheiden:

- die Makroebene, die gesellschaftliche Rahmenordnung,
- die Mesoebene, das Unternehmen bzw. die Organisation, und
- die Mikroebene, die Individuen.

Die drei Ebenen beeinflussen sich gegenseitig. Individuen gründen Unternehmen, arbeiten in ihnen und entwickeln sie weiter. Die Persönlichkeit einer Gründerperson prägt das Unternehmen nachhaltig. Umgekehrt beeinflusst auch ein Unternehmen die darin tätigen Individuen. Die Unternehmensstruktur und -kultur wirken sich auf die Entscheidungen der Mitarbeitenden aus. Zahlreiche informelle und formelle Verhaltenserwartungen kanalisieren die Handlungen von Mitgliedern eines Unternehmens (Göbel 2013, S. 105 ff.).

Unternehmen beeinflussen aber auch die gesellschaftliche Rahmenordnung. Als Beispiel ist die Lobbying-Arbeit eines Unternehmens zu nennen, die Gesetzgebungsprozesse beeinflusst. Die vorhandene Rahmenordnung prägt andererseits auch die Entscheidungen der Unternehmen. Es gibt Gesetze und Branchenspielregeln, an die sich das Unternehmen zu halten hat. Zudem übt auch die Öffentlichkeit einen Legitimationsdruck auf die Unternehmen aus (Göbel 2013, S. 105 ff.).

1.1.3 Provisorische Definition der Integrität

Das Wort „Integrität" bzw. „integer" stammt aus dem Lateinischen und bedeutet „unbescholten", „makellos", „unberührt", „unversehrt", „rein" (Duden 2006, S. 365). Neben dieser alltäglichen Bedeutung hat das Wort auch eine moralische Bedeutung, welche als „Wahrhaftigkeit" oder „Stimmigkeit" umschrieben werden kann. Sowohl die „Ganzheit" als auch die „moralische Stimmigkeit" sind für ein Unternehmen in einem Umfeld, das von verschiedensten Anspruchsgruppen geprägt wird, oft schwierig zu realisieren. Denn ob ein Unternehmen „integer" ist, hängt nicht nur von dem eigenen moralisch konsistenten Verhalten ab, sondern auch davon, ob die Unternehmensintegrität von den Anspruchsgruppen als solche anerkannt wird. Dies bedeutet, dass ein Unternehmen Integrität nicht einfach hat, sondern dass Integrität aus einer gelebten und gepflegten Wechselbeziehung mit anderen entsteht (Maak und Ulrich 2007, S. 6–11).

Integrität kann nun auf den drei Ebenen der Wirtschafts- und Unternehmensethik betrachtet werden (vgl. Abb. 1.1):

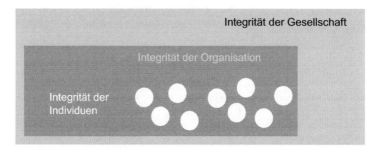

Abb. 1.1 Integrität auf den Ebenen der Wirtschafts- und Unternehmensethik

1.1 Was ist Integritätsmanagement?

Bei der Integrität der Gesellschaft geht es darum, dass ein Land eine rechtsstaatliche Ordnung hat und diese auch tatsächlich umsetzt. Unter der Integrität einer Organisation bzw. eines Unternehmens wird die Wahrnehmung der ökonomischen, ökologischen und sozialen Verantwortung eines Unternehmens gegenüber verschiedenen Anspruchsgruppen verstanden. Integrität der Individuen schliesslich bedeutet, dass diese als moralische Personen respektiert werden. Auf allen drei Ebenen spielt die Übereinstimmung von Denken, Sagen und Tun die entscheidende Rolle. Ein Unternehmen, das sich selber ein ethisch anspruchsvolles Leitbild und einen Code of Conduct gibt, in der Praxis aber völlig anders handelt, wird schnell unglaubwürdig und verliert seine Integrität.

Das Integritätsmanagement eines Unternehmens hat zum Ziel, Situationen zu erkennen, welche die Integrität des Unternehmens herausfordern, diese mit einer verständlichen Sprache zu analysieren und als Teil der normalen Managementverantwortung zu lösen.

1.1.4 Die drei Bereiche einer integren Unternehmensführung

Die professionelle Wahrnehmung der Unternehmensverantwortung ist eine Managementaufgabe. Maak und Ulrich (2007, S. 14) unterscheiden vier Bereiche eines ganzheitlichen Integritätsmanagements: Principles, Policies, Processes und People. Im Folgenden werden die vier P's einer integren Unternehmensführung kurz erläutert.

Unter „Principles" verstehen Maak und Ulrich (2007, S. 15) die obersten Grundsätze des unternehmerischen Handelns, deren Geltung bedingungslos festgeschrieben ist. Dazu gehören beispielsweise Ehrlichkeit, Unbestechlichkeit, Fairness, Gerechtigkeit, Respekt, Offenheit, Transparenz oder Verlässlichkeit.

Unter „Policies" fassen Maak und Ulrich (2007, S. 15) strategische Vorgaben zusammen, mit denen Unternehmen ihre soziale und ökologische Verantwortung wahrnehmen. Dazu gehören beispielsweise unternehmenspolitische Handlungsgrundsätze und Richtlinien, die den Umgang mit verschiedenen Anspruchsgruppen konkretisieren.

Unter „Processes" fassen Maak und Ulrich (2007, S. 18) Massnahmen zusammen, mit denen Unternehmen anhand organisatorischer Strukturen und Prozesse die Integrität nach innen sicherstellen. Dazu gehören verantwortbare Zulieferketten, Produktionsprozesse und Marketingmassnahmen sowie auch Ethikprogramme und eine gelebte Integritätskultur.

Unter „People" verstehen Maak und Ulrich (2007, S. 20) personenbezogene Aspekte einer integren Unternehmensführung. Dazu gehören eine verantwortliche Führung, die Gestaltung der zwischenmenschlichen Beziehungen, die Ausbildung

Abb. 1.2 Die drei Bereiche einer integren Unternehmensführung

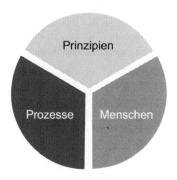

von Ethikkompetenzen, aber auch eine Stelle, die mit ethischen Problemen fachlich kompetent umgehen kann.

Für diese Einführung in das Integritätsmanagement unterscheiden wir in Anlehnung an Maak und Ulrich drei Bereiche einer integren Unternehmensführung: „Prinzipien" („Principles" und „Policies"), Prozesse („Processes") und Menschen („People") (vgl. Abb. 1.2).

Die drei Bereiche einer integren Unternehmensführung dienen auch der Gliederung der Fallbeispiele im zweiten Kapitel und der Good Practices im dritten Kapitel.

Diese ersten provisorischen Erläuterungen zu den Begriffen der Integrität und des Integritätsmanagements sollen den Gegenstand der vorliegenden Einführung umreissen. Der Integritätsbegriff bedarf aber einer philosophischen Fundierung, die im nächsten Kapitel folgt.

1.2 Die Grundbegriffe und Paradigmen der Ethik

1.2.1 Grundbegriffe und Definitionen

Schon seit Jahrtausenden haben Menschen über das Gute und das Böse, über das Richtige und Falsche nachgedacht. Die Philosophie und Theologie haben dies systematisch betrieben, ohne dass dieser Prozess bis heute abgeschlossen wäre. Über die Zeit sind auch Theorien und Ansätze entwickelt worden, die bei der ethischen Reflektion im betrieblichen Alltag wertvolle Hinweise geben können (Maak und Ulrich 2007, S. 22). Eine philosophische Fundierung der Diskussion um ethisch richtige und falsche Entscheidungen im Unternehmensalltag bietet einen nicht zu unterschätzenden Mehrwert. In diesem Kapitel werden daher einige grundlegende Begriffe und Paradigmen der Ethik eingeführt und geklärt.

1.2 Die Grundbegriffe und Paradigmen der Ethik

Die *Grundfrage der Ethik* lautet: „Wie soll ich handeln? ". Diese Grundfrage der Ethik bringt zweierlei zum Ausdruck, nämlich Freiheit und Verpflichtung. Einerseits hat der Mensch Handlungsalternativen. Er ist nicht durch Instinkte zu einem bestimmten Verhalten gezwungen, sondern hat die Freiheit, eine Entscheidung zu treffen. Andrerseits ist es nicht beliebig, was wir tun, sondern es gibt bessere und schlechtere Handlungsalternativen. Natürlich sollen Menschen die gute Variante wählen. Doch was ist die gute Handlung, die gute Ordnung oder das gute Leben? Die Handlungsfreiheit bringt auch Unsicherheit mit sich, die nach einer ethischen Orientierung verlangt (Göbel 2013, S. 21).

Im Alltag werden die Begriffe „Moral" und „Ethik" oft unterschiedslos verwendet. Im Zusammenhang mit einer unternehmensethischen Reflexion ist es jedoch sinnvoll, die beiden Begriffe zu unterscheiden und beide auch vom „Recht" abzugrenzen. Göbel definiert „*Moral*" folgendermassen: „Was zu einer bestimmten Zeit in einer bestimmten Gesellschaft im Allgemeinen als Handlung, Zustand oder Haltung für gut und wünschenswert bzw. für böse und verboten gehalten wird, bezeichnet man zusammenfassend als die jeweils herrschende Moral" (Göbel 2013, S. 23). Erkennbar wird Moral in geltenden Handlungsnormen wie Regeln oder Vorschriften. Weiter geben aber auch Wertmassstäbe, Vorbilder und Sinnvorstellungen Hinweise darauf, was in einer bestimmten Gesellschaft als moralisch gilt.

In einer modernen Gesellschaft wird ein grosser Teil der geltenden Handlungsnormen in Gesetzen festgehalten, wodurch er zu geltendem *Recht* wird. Recht und Moral sind jedoch nicht deckungsgleich, denn eine Gesellschaft entwickelt sich fortlaufend, und somit ändert sich auch deren Vorstellung von Moral. Gesetzgebungsprozesse hinken diesen Entwicklungen oft hinterher. Zudem werden nicht alle Handlungsnormen in Gesetzen formalisiert. Göbel definiert „*Recht*" folgendermassen: „Das Recht kann verstanden werden als ein System von positiven, an Menschen adressierte Zwangsnormen, einschliesslich der damit im Zusammenhang stehenden Sanktion" (Göbel 2013, S. 23).

Die Normen von Moral und Recht können sich decken, aber auch auseinanderfallen. So gelten Diebstahl, Fälschung oder Mord sowohl moralisch als auch rechtlich als schlecht bzw. illegal. Andrerseits kann es Gesetze ohne moralischen Gehalt geben wie etwa die Enteignung der Juden im Dritten Reich, oder auch moralische Normen, die keinen Gesetzescharakter haben, wie etwa Hilfsbereitschaft, Dankbarkeit oder Toleranz. Zusammen bilden Moral und Recht die normativen Grundlagen einer Gesellschaft (Göbel 2013, S. 25).

Ein Mensch, der in eine bestimmte Gesellschaft geboren und darin erzogen wird, übernimmt eine Vielzahl von geltenden Werten und Regeln für sich. Dann spricht man vom *Ethos* einer Person. „Anerkennt ein Subjekt eine bestimmte Moral als verpflichtend für sein Handeln und ist das Handeln dauerhaft durch die Anerkennung geprägt, so spricht man von Ethos" (Göbel 2013, S. 25). Das Ethos ist quasi die innere Moral eines Menschen. Es umfasst die persönlichen Überzeugungen, Wertmassstäbe, Haltungen, Tugenden und Sinnvorstellungen einer Person. Ethos ist die innere Triebfeder, die einen Menschen auch ohne äusseren Zwang bzw. Angst vor Strafen dazu veranlasst, moralisch zu handeln. Die innere Moral, also der Ethos, und die äussere Moral, der Ordnungsrahmen, beeinflussen sich gegenseitig. Der Begriff „Ethos" wird auch für die Regeln benutzt, die sich eine Berufsgruppe selber auferlegt, wie zum Beispiel das Ethos des Mediziners oder das Ethos des Kaufmanns (Göbel 2013, S. 26).

Der Begriff der „*Ethik*" ist nun von den bisher eingeführten Begriffen zu unterscheiden. „Die Ethik kann ganz allgemein gekennzeichnet werden als die Lehre oder auch die Wissenschaft von Moral und Ethos, also vom menschlichen Handeln, welches sich von der Differenz zwischen gut/sittlich richtig und böse/sittlich falsch leiten lässt" (Göbel 2013, S. 27). Ethik ist ein Teil der praktischen Philosophie. Diese untersucht, im Gegensatz zur theoretischen Philosophie, die menschliche Praxis bzw. das menschliche Handeln. Sie will durch ihre praktische Orientierung dieses Handeln mit Blick auf die Erreichung eines Ziels verbessern. Ethik kann deskriptiv oder normativ ausgerichtet sein. Die deskriptive Ethik beschreibt, was bei bestimmten Kulturen, Völkern, Gruppen, Schichten usw. als „moralisch" gilt bzw. früher als „moralisch" galt. Die normative Ethik hingegen sucht nach einem verbindlichen Massstab für das Gute. Sie will begründete Aussagen dazu machen, was ein Mensch anstreben, wie er handeln und wie er sein soll. Ein weiterer Bereich der Ethik ist die Methodenlehre. Dabei steht die Frage nach der „Implementierung von Moral" im Mittelpunkt: Wie kann man Menschen lehren, „moralisch" zu handeln? Ein letzter Bereich der Ethik ist schliesslich die Metaethik. Sie untersucht die Ethik selber und möchte herausfinden, ob Aussagen über das Gute wahrheitsfähig sind (Göbel 2013, S. 27).

Die Tab. 1.2 stellt die beiden Begriffe „Moral" und „Ethik", wie sie hier verwendet werden, zusammenfassend gegenüber:

Tab. 1.2 Vergleich der Begriffe „Moral" und „Ethik"

Moral	Ethik
Vom lateinischen Wort „moralitas"	Vom griechischen Wort „ethikos"
Verhaltensregeln und Werte in einer Gesellschaft	Teilgebiet der Philosophie mit der Moral als Untersuchungsobjekt
Beschreibt ein soziologisches Phänomen	Reflektiert über die jeweils herrschende Moral

1.2 Die Grundbegriffe und Paradigmen der Ethik

Tab. 1.3 Übersicht der Typen ethischen Argumentierens. (nach Göbel 2013, S. 41)

Tugendethik	• Moralisch handelt, wer das Gute *will* und seinem Gewissen folgt • Vertreter: Aristoteles • „Ich will gerecht sein"
Pflichtenethik	• Moralisch handelt, wer allgemein gültigen Handlungsnormen folgt • Vertreter: Kant • „Behandle andere so, wie du von ihnen behandelt werden willst"
Folgenethik	• Moralisch handelt, wer den Menschen zum Glück verhilft • Vertreter: Bentham, Singer • „Der Zweck heiligt die Mittel"
Anerkennungsethik	• Moralisch handelt, wer die Ansprüche anderer Menschen anerkennt • Vertreter: Hegel, Honneth • „andere respektieren"
Diskursethik	• Moralisch handelt, wer mit den Betroffenen zusammen eine Lösung sucht, die für alle akzeptabel ist • Vertreter: Habermas • „Miteinander sprechen"

1.2.2 Überblick über die ethischen Paradigmen

Philosophen und Theologen haben auf die Grundfrage der Ethik verschiedene Antworten und Argumentationen entwickelt. Diese Ansätze der Ethik nennen wir hier ethische Paradigmen. Fünf wichtige ethische *Paradigmen* werden wir in den folgenden Kapiteln kurz darstellen und kommentieren. Die Tab. 1.3 zeigt, was die einzelnen Paradigmen jeweils unter moralisch gut oder richtig verstehen.

1.2.3 Tugendethik/Gesinnungsethik

Die *Gesinnungsethik* ist das älteste ethische Paradigma der westlichen Philosophie. „Unter Gesinnung versteht man das subjektive Wollen des Individuums, die Motivation oder innere Disposition, aus der heraus gehandelt wird: moralisch ist, das Gute zu wollen" (Göbel 2013, S. 31 ff.). Die gute Gesinnung ist ein Charakterzug eines Menschen, der sich in seinem Handeln immer wieder zeigt. Solche Charakterzüge werden auch *Tugenden* genannt und bereits Aristoteles hat eine Vielzahl von Tugenden in seiner Ethik detailliert beschrieben. So bedeutet Ehrlichkeit nicht,

Tab. 1.4 Die sieben Kardinaltugenden. (Schockenhoff 2007, S. 113 ff., 169 ff.)

Die 4 klassischen Kardinaltugenden	Gerechtigkeit
	Klugheit
	Besonnenheit und Mass
	Tapferkeit
Die 3 christlichen Kardinaltugenden	Glaube
	Hoffnung
	Liebe

dass eine Person einmal die Wahrheit sagt, sondern dass es vielmehr der Charakterzug einer Person ist, die Wahrheit zu sagen. In der westlichen, christlich geprägten Welt galten sieben Tugenden als Haupt- oder *Kardinaltugenden*, wobei die ersten vier von Platon und die folgenden drei von Paulus stammen (vgl. Tab. 1.4).

Der Begriff der „Tugend" klingt vielleicht altmodisch. Fragt man allerdings nach den Charaktereigenschaften einer guten Führungsperson, so werden oft gerade diese Tugenden genannt. Gute Führungspersonen sollen Sachverhalte und Konflikte ausgewogen beurteilen, ihre Erfahrung in die Beurteilung einfliessen lassen und mutige Entscheidungen fällen. Es wird ihnen zum Vorwurf gemacht, wenn sie masslos sind. Klassische Tugenden haben also durchaus auch in der heutigen Wirtschaftswelt ihre Bedeutung.

Die Tugendethik bringt aber auch einige Probleme mit sich. Würde man ein Verhalten alleine nach der dahinterstehenden Gesinnung beurteilen, müsste man z. B. das Verhalten eines Selbstmordattentäters rechtfertigen. Gibt ein Selbstmordattentäter doch sogar sein eigenes Leben hin, um die in seinen Augen einzig richtige Tat zu begehen. Man muss sich also fragen, ob jemand wirklich alles tun kann, was er will, solange er es nur selbst gut findet (Göbel 2013, S. 31).

1.2.4 Pflichtenethik

Die *Pflichtenethik* (auch deontologische Ethik genannt; griech. „*deon*" = Pflicht) geht vor allem auf den Philosophen Kant zurück. Nach Kant ist die Befolgung der Pflichten dann moralisch gut, wenn die innere Einstellung für die Befolgung entscheidend war und nicht etwa die Angst vor Strafe oder der eigene Nutzen. Pflicht ist nach Kant, was einer allgemein gültigen Handlungsnorm entsprich, nämlich dem kategorischen Imperativ (Göbel 2013, S. 33 ff.). In der bekanntesten Formulierung lautet der kategorische Imperativ folgendermassen: „Handle nur nach derjenigen Maxime, durch die du zugleich wollen kannst, dass sie ein allgemeines Gesetz werde" (Kant 1785/1974, S. 51). Der kategorische Imperativ kann praktisch wie ein Test eingesetzt werden. Angenommen, jemand befindet sich in einer

1.2 Die Grundbegriffe und Paradigmen der Ethik

Zwickmühle und überlegt sich, eine Notlüge anzuwenden. Nach dem kategorischen Imperativ muss er sich dann fragen: Kann ich wollen, dass alle Menschen Notlügen einsetzen, wenn es für sie eng wird? Ein vernünftiger Mensch kann das nicht wollen, da das gegenseitige Vertrauen die Grundlage der Kommunikation ist. Also darf auch in einer Zwickmühle nicht gelogen werden.

Kant hat noch eine weitere Version des *kategorischen Imperativs* formuliert, die er für gleichwertig hielt: „Handle so, dass du die Menschheit, sowohl in deiner Person, als in der Person eines jeden anderen, jederzeit zugleich als Zweck, niemals bloss als Mittel brauchest" (Kant 1785/1974, S. 61). Demnach widerspricht es dem kategorischen Imperativ, wenn Menschen bloss als billige Produktionskräfte behandelt werden, ohne dass sie menschenwürdig leben können.

Der kategorische Imperativ hat Ähnlichkeiten mit der *Goldenen Regel* des Volksmunds „Was du nicht willst, was man dir tu, das füg auch keinem andern zu." Allerdings legt der kategorische Imperativ den Fokus auf die Verallgemeinbarkeit einer Handlungsnorm.

Das Gedankengut der Pflichtenethik ist die Basis für die Menschenrechtsbewegung, die nach dem zweiten Weltkrieg ihren Anfang nahm. Um für alle Menschen gültige Grundrechte zu definieren, wurde 1948 die „Allgemeine Erklärung der Menschenrechte der Vereinten Nationen" formuliert (United Nations 1948) Artikel 1 lautet: „Alle Menschen sind frei und gleich an Würde und Rechten geboren. Sie sind mit Vernunft und Gewissen begabt und sollen einander im Geiste der Brüderlichkeit begegnen". Menschenrechte stehen jedem Menschen von Natur aus zu und gelten unabhängig von Ort und Zeit.

Das Problem einer im engeren Sinne verstandenen Pflichtenethik besteht darin, dass sie verbindliche Handlungsnormen festlegt, ohne deren Folgen zu beachten. Würde man streng nach der Pflichtenethik handeln, müsste man also z. B. dem potentiellen Mörder das Versteck seines Opfers verraten, um nicht gegen das Verbot des Lügens zu verstossen. Die Pflichtenethik misst dem konkreten Handlungskontext und den Folgen zu wenig Bedeutung zu und bleibt oft relativ abstrakt und allgemein.

1.2.5 Folgenethik

Für die *Folgenethik* (auch teleologische Ethik genannt) sind die Folgen aus einer Handlung für die moralische Bewertung entscheidend. Moralisch ist also, das Gute als Ergebnis des Handelns zu erreichen. Demnach ist es zum Beispiel erlaubt, zu lügen oder sogar zu töten, wenn sich auf andere Art und Weise schlimme Folgen nicht abwenden lassen. Gemäss Max Weber, einem prominenten Verfechter der Folgenethik, müssen Menschen für die voraussehbaren Folgen ihres Handelns Verantwortung tragen. Weber spricht daher bei der Folgenethik auch von *Verantwortungsethik* (Göbel 2013, S. 36 ff.).

Eine spezielle Form der Folgenethik ist der *Utilitarismus* (lat. „utilis" = nützlich). Als Gründervater gilt Jeremy Bentham. Von ihm stammt das sog. „Nützlichkeitsprinzip", wonach all jene Handlungen moralisch gut sind, welche das allgemeine Glück vermehren. Das grösste Glück für die grösste Zahl ist dabei das Kriterium (Göbel 2013, S. 38).

Die Folgenethik und auch der Utilitarismus sind in der Politik, aber auch in der Wirtschaft weit verbreitet. Ein Beispiel kann dies illustrieren: Angenommen, in einem Dorf soll eine Strasse gebaut werden, welche durch Land, das Privateigentum ist, führt. Die Strasse kann auch gegen den Willen des Eigentümers gebaut werden mit der Begründung „Gemeinnutz geht vor Eigennutz". In einem Rechtsstaat muss der bisherige Eigentümer allerdings dafür fair entschädigt werden.

Auch eine reine Folgenethik weist Probleme auf. So ist es oft schwierig, die genauen Folgen einer Handlung abzuschätzen, und auch die Berechnung des allgemeinen Glücks ist praktisch sehr schwierig umzusetzen. Der Fokus auf das gute Ergebnis kann auch zu einer zynischen Einstellung im Sinne von „Der Zweck heiligt die Mittel" führen, die gesellschaftlich destruktiv ist. Insbesondere sind Menschenrechte nicht verhandelbar.

1.2.6 Anerkennungsethik

Die *Anerkennungsethik* geht von der Grundannahme aus, dass Individuen durch wechselseitige Anerkennung zu Mitgliedern einer Gemeinschaft oder Gesellschaft werden. In Anlehnung an Hegel unterscheidet Honneth drei Arten der Anerkennung: 1.) emotionale Zuwendung, 2.) kognitive Achtung, 3.) soziale Wertschätzung (Honneth 1994, S. 211).

1. Die *emotionale Zuwendung* nennt Honneth auch *Liebe*. Bei der emotionalen Zuwendung wird eine Person als einzigartiges Wesen anerkannt. Exemplarische Formen der emotionalen Zuwendung sind Primärbeziehungen wie die Eltern-Kind-Beziehungen, Paarbeziehungen oder auch Freundschaften. Menschen wollen von ihren Familienmitgliedern, von ihren Partnerinnen und Partnern und von Freunden geliebt und respektiert werden. Die Liebe von vertrauten Personen bildet die Grundlage, auf der eine Person ihre Selbstvertrauen aufbaut (Honneth 1994, S. 153 ff.).
2. Unter der *kognitiven Achtung* versteht Honneth auch *Recht*. Bei der kognitiven Achtung wird eine Person als freies Wesen und Träger von gleichen Rechten anerkannt. Die kognitive Achtung beruht auf verallgemeinerbaren Moralprin-

1.2 Die Grundbegriffe und Paradigmen der Ethik 13

zipien und entspricht dem kategorischen Imperativ bei Kant. Die kognitive Achtung hat sich geschichtlich entwickelt, indem einem wachsenden Kreis von Personen gleiche Rechte zugesprochen wurden. Letztlich führt die kognitive Anerkennung zu den allgemeinen Menschenrechten, die für alle Menschen unabhängig von ihrem Alter, ihrem Geschlecht oder ihrer Religion gelten. Die rechtliche Anerkennung und die Teilnahme an der politischen Willensbildung bilden eine weitere Grundlage, auf der eine Person ihre Selbstachtung aufbaut (Honneth 1994, S. 177 ff.).
3. Mit *sozialer Wertschätzung* meint Honneth auch *Solidarität*. Bei der sozialen Wertschätzung wird eine Person als Mitglied und wertvoller Teil einer Gemeinschaft anerkannt. Die soziale Wertschätzung hängt vom kulturellen Selbstverständnis der Gemeinschaft ab. Die Entwicklung der sozialen Wertschätzung ist ein zäher, konflikthafter Prozess in einem umkämpften Feld. Die gesellschaftlichen Entwicklungen führen häufig auch in modernen Organisationen zu Spannungen, die auf angemessene Weise zu lösen sind. Soziale Wertschätzung meint eine symmetrische Beziehung zwischen den Individuen, die gegenseitig ihre unterschiedlichen Eigenschaften und Fähigkeiten schätzen und für die gemeinsame Praxis als bedeutsam anerkennen. Auch die soziale Wertschätzung bildet eine weitere Grundlage, auf der eine Person ihr Selbstwertgefühl aufbaut (Honneth 1994, S. 197 ff.).

Das Bewusstsein einer Person von sich selber, ihren Fähigkeiten und ihren Rechten nennt Honneth die *Selbstbeziehung*. Er unterscheidet entsprechend den drei Arten der Anerkennung auch drei Weisen der Selbstbeziehung: 1.) Selbstvertrauen, 2.) Selbstachtung, 3.) Selbstwertgefühl. Das Verhältnis zwischen den drei Weisen der Selbstbeziehung ist kein harmonisches, vielmehr besteht eine stete Spannung zwischen ihnen. Die Integrität einer Person anzuerkennen heisst, Einstellungen anzunehmen und Handlungen zu vollziehen, die die Person bei der Entwicklung ihres Selbstverständnisses in den genannten drei Dimensionen unterstützen (Honneth 2000, S. 188).

Auch zentrale ethische Begriffe wie „Gerechtigkeit" oder „Freiheit" sind nach Honneth von Anerkennungsbeziehungen geprägt. Einerseits besteht *Gerechtigkeit* formal in der Gewährleistung von persönlichen, individuellen Freiheiten; andererseits stellt Gerechtigkeit aber auch das Ergebnis einer gemeinsamen Willensbildung dar, die durch die Kooperation von Personen zustande kommt. *Freiheit* entsteht auf intersubjektiven Wegen, indem die Bedürfnisse, Überzeugungen und Fähigkeiten von anderen Personen anerkannt und verwirklicht werden (Honneth 2010, S. 54, 61).

Der *Staat* hat die Aufgabe, Bedingungen der wechselseitigen Anerkennung durch Gesetze und Institutionen zu sichern. Allerdings sind seine Eingriffsmöglichkeiten beschränkt, insbesondere im Bereich der Familien- und Arbeitsbeziehungen. Die Tätigkeit des Rechtsstaates soll deshalb durch nichtstaatliche Institutionen und Organisationen ergänzt werden, die ebenfalls auf gegenseitiger Anerkennung beruhen.

Damit Anerkennung nicht nur zu einer billigen Ideologie verkommt, listet Honneth eine Reihe von *Bedingungen* auf, die an Anerkennung geknüpft sind. Anerkennung tritt in unterschiedlichen Arten auf: als Liebe, Recht und Wertschätzung. Sie bedeutet eine Würdigung der positiven Eigenschaften von Personen und Gruppen. Sie ist eine handlungswirksame Einstellung und zeigt sich in Gesten, Sprechhandlungen und institutionellen Vorkehrungen. Anerkennung ist unvollständig, solange sie nicht in konkrete Handlungen mündet, die bestimmte Werte auch tatsächlich zum Ausdruck bringen (Honneth 2010, S. 111, 128).

Maak konkretisiert die Prinzipien der Anerkennungsethik für den *wirtschaftsethischen Kontext* (Maak 1999, S. 99). Er unterscheidet in Anlehnung an Honneths drei Arten der Anerkennung:

- R1: Emotionale Anerkennung (emotionale Zuwendung)
- R2: Rechtlich-politische Anerkennung (kognitive Achtung)
- R3: Soziale Anerkennung (soziale Wertschätzung)

Die Anerkennungsethik dient im vorliegenden Modell des Integritätsmanagements als Wertebasis. Die einzelnen Leitideen werden in Kap. 1.4 genauer erläutert.

1.2.7 Diskursethik

Die bisher beschriebenen Ansätze der Ethik versuchen, das moralisch Gute oder ethisch Richtige inhaltlich zu konkretisieren. Die Gesinnungsethik beschreibt gute Charaktereigenschaften als Tugenden. Die Pflichtenethik begründet richtige Handlungsnormen, wie etwa das Gebot, nicht zu lügen. Die Folgenethik strebt das allgemeine Glück als guten Zweck an. Die Anerkennungsethik schlussendlich verlangt nach gegenseitigem Respekt als Grundlage für jede Gemeinschaft.

In modernen, pluralistischen Gesellschaften trifft eine Vielzahl von unterschiedlichen *Wertesystemen* zusammen, die für sich Geltung beanspruchen und teilweise in Konflikt zueinander stehen. Auch die Ethikparadigmen behandeln unterschiedliche Aspekte des moralisch Guten oder ethisch Richtigen und haben ihre Stärken und Schwächen. Einzelne Ethikparadigmen wie zum Beispiel die Pflichtenethik und die Folgenethik können in einer konkreten Entscheidungssituation durchaus zu unterschiedlichen Einschätzungen führen. Oft ist für eine ausgewogene Entscheidung eine Kombination von mehreren Gesichtspunkten notwendig. Doch wie

1.2 Die Grundbegriffe und Paradigmen der Ethik

könnte eine solche Vermittlung zwischen verschiedenen Wertesystem oder Ethikparadigmen aussehen?

Die *Diskursethik* nach Habermas beschreibt nun die Grundlagen, wie man in einer moralischen Dilemma-Situation zu einem ausgewogenen Urteil kommt. Die Diskursethik legt den Fokus nicht auf die inhaltliche Begründung, sondern auf die Vorgehensweise, weshalb die Diskursethik auch als prozedurale Ethik bezeichnet wird (Habermas 1983, S. 113).

Gemäss Habermas beanspruchen im Alltag verschiedene Personen für ihre Aussagen *Geltungsansprüche*, die dann mit Argumentationen begründet und verteidigt werden. Bei der verständigungsorientierten Kommunikation koordinieren die Beteiligten ihre Handlungspläne einvernehmlich und kommen so im Diskurs zu einer intersubjektiven Anerkennung ihrer Geltungsansprüche (Habermas 1983, S. 66). Der *diskursethische Grundsatz* nach Habermas lautet: „Der Diskursethik zufolge darf eine Norm nur dann Geltung beanspruchen, wenn alle von ihr möglicherweise Betroffenen als Teilnehmer eines praktischen Diskurses Einverständnis darüber erzielen (bzw. erzielen würden), dass diese Norm gilt" (Habermas 1983, S. 76).

Nur ein *intersubjektiver Verständigungsprozess* kann zu einem Einverständnis der Betroffenen führen. Die Festlegung von Normen und Geboten verlangt letztlich nach einem realen Dialog aller Betroffenen. Die Beteiligten dürfen den Kampf um Anerkennung ihres Anspruchs nur mit den Mitteln des Diskurses, keinesfalls mit Machtmitteln führen. Sie müssen sich durch den *zwanglosen Zwang* des besseren Arguments über ihre gemeinsame Lebensform verständigen (Habermas 1991, S. 116, 123).

Für Habermas gibt es einen *Vorrang des Gerechten* vor dem Guten. Eine Norm ist nur dann im moralischen Sinn gültig, wenn sie aus der Perspektive eines jeden Beteiligten von allen akzeptiert werden könnte. Um ein Problem im gleichmässigen Interesse aller zu regeln, braucht es praktische Vernunft, die prüft, ob die eingesetzte Norm verallgemeinerungsfähig ist (Habermas 1999, S. 46).

Auch die Diskursethik ist an bestimmte *Voraussetzungen* geknüpft. So darf niemand, der einen relevanten Beitrag machen könnte, vom Diskurs ausgeschlossen werden. Alle müssen die gleiche Chance erhalten, Beiträge zu leisten. Die Teilnehmer müssen meinen, was sie sagen, d. h. die Zustimmung der übrigen Teilnehmenden darf nicht durch Falschinformation oder Täuschung erreicht werden. Zudem muss die Kommunikation frei von äusseren und inneren Zwängen sein, so dass eine Stellungnahme allein durch die Überzeugungskraft besserer Argumente begründet ist (Habermas 1999, S. 62).

Das *Problem der Diskursethik* liegt in ihrer praktischen Umsetzbarkeit. Wie bekommt man z. B. bei einem komplexen Problem alle Betroffenen an einen Tisch? Wie grenzt man den Kreis der Betroffenen überhaupt ein? Wie verhindert man, dass die Teilnehmenden nicht nur strategisch für sich, sondern konsensorientiert argumentieren? (Göbel 2013, S. 52).

Trotz diesen Umsetzungsschwierigkeiten bietet die Diskursethik ein *Ideal*, an dem praktische Diskurse im Alltag gemessen werden können. Die Prinzipien der Diskursethik für die wirtschafts- und unternehmensethische Praxis werden von Ulrich konkretisiert (Ulrich 2001, S. 82 ff.). Das vorliegende Modell des Integritätsmanagements unterscheidet im Sinne Ulrichs folgende vier Leitideen (vgl. Kap. 1.4):

- D1: Verständigungsorientierte Einstellung aller Beteiligten
- D2: Vorbehaltloses Interesse zu legitimem Handeln
- D3: Differenzierte Verantwortung
- D4: Sicherstellung eines öffentlichen Diskurses

Die Diskursethik dient im vorliegenden Modell des Integritätsmanagements als ethische Basis für eine lösungsorientierte Kommunikation. Die einzelnen Leitlinien werden in Kap. 1.4 genauer erläutert.

1.3 Spannungsfelder und Dilemmas in Organisationen

1.3.1 Zum Begriff „Spannungsfeld"

Ethische Herausforderungen kommen oft subtil daher; es muss ein Gespür dafür entwickelt werden, um sie bewusst zu erfassen. Man sagt vielleicht: „Ich habe ein ungutes Gefühl", oder man spricht vom „komischen Bauchgefühl" oder von „einem Dilemma, in welchem man sich befindet". Wie gelangt man aber vom komischen Bauchgefühl zur klaren Erkenntnis, dass man es mit einem ethischen Problem zu tun hat? Dazu soll der Begriff des *Spannungsfeldes* eingeführt werden. Spannungsfelder sind ein zentrales Konzept bei der Lösung ethischer Probleme. Das Konzept „Spannungsfeld" hilft, ein ungutes Bauchgefühl an die Oberfläche zu bringen, etwas Diffuses mit Worten gezielt zu fassen.

Zur Illustration eine Analogie aus der Physik: Ziehen Kräfte aus verschiedenen Seiten an einer Materie, so steht diese *unter Spannung* – sie droht gar auseinanderzureissen. Die Materie befindet sich in einem Spannungsfeld verschiedener auf sie einwirkender Kräfte. Wird die Wirkung der Kräfte zu einseitig oder zu gross, entsteht ein Riss in der Materie. Es gilt, diese Kräfte frühzeitig zu erkennen, bevor irreparable Schäden entstehen.

Aus der Analogie zur Physik lässt sich auch schliessen, dass es Spannungsfelder gibt, welche keine ethische Dimension beinhalten, sondern einfach ein Problem darstellen. Bei der Tagesplanung ist man vielleicht hin- und hergerissen, ob man eine bestimmte Aufgabe heute oder morgen erledigen soll. Das ist wohl primär ein

1.3 Spannungsfelder und Dilemmas in Organisationen

organisatorisches Problem. Geht es aber zum Beispiel darum, abzuwägen, welche Erwartungen man zuerst erfüllt, diejenigen der Chefin oder diejenigen des Kunden, beinhaltet das Spannungsfeld auch eine ethische Dimension. Spannungsfelder setzen sich oft aus einer Vielzahl von Einflussfaktoren zusammen, aus ethischen wie nicht-ethischen.

1.3.2 Beispiele ethischer Spannungsfelder

Anhand konkreter Beispiele soll nachfolgend das Verständnis des Konzepts der Spannungsfelder vertieft werden.

Beispiel 1: Der Verhaltenskodex

Heute existieren in vielen Organisationen Verhaltenskodizes (Code of Conduct, Code of Ethics etc.). Abbildung 1.3 zeigt ein Beispiel, in welchem zentrale Werte eines Unternehmens festgehalten und beschrieben werden.

Values

Respect
We treat others as we would like to be treated ourselves. We do not tolerate abusive or disrespectful treatment. Ruthlessness, callousness and arrogance don't belong here.

Integrity
We work with customers and prospects openly, honestly and sincerely. When we say we will do something, we will do it; when we say we cannot or will not do something, then we won't do it.

Communication
We have an obligation to communicate. Here, we take the time to talk with one another... and to listen. We believe that information is meant to move and that information moves people.

Excellence
We are satisfied with nothing less than the very best in everything we do. We will continue to raise the bar for everyone. The great fun here will be for all of us to discover just how good we can really be.

Abb. 1.3 Verhaltenskodex eines internationalen Unternehmens

Das Beispiel stammt vom amerikanischen Unternehmen ENRON, das 2001 Konkurs anmeldete. Gegen die Verantwortlichen aus Topmanagement und Verwaltungsrat wurden wegen fortgesetzter Bilanzfälschung und Verschwörung Strafen von bis zu 24 Jahren Gefängnis verhängt. Das Beispiel zeigt ein sehr eklatantes Spannungsfeld: Einerseits verlangt der Kodex von ENRON-Mitarbeitenden Werte wie Ehrlichkeit und Respekt, die kriminellen Machenschaften des Topmanagements strotzen aber gerade vor schamloser und systematischer Rücksichtslosigkeit. Es existiert ein offensichtliches Spannungsfeld, nämlich zwischen den hehren Vorgaben der Mitglieder des Topmanagements und dem, wie sie sich selbst verhalten. Verhaltenskodizes werden sicher nicht bei allen Unternehmen derart mit den Füssen getreten. Aber subtile Unterschiede zwischen dem, was gesagt und dem, was getan oder vorgelebt wird, existieren öfters. Mitarbeitende sind im Einzelfall im Dilemma, ob sie sich an vorgegebene oder vorgelebte Werte halten wollen: Sollen sie den Vorgaben gerecht werden oder diese verletzen, so wie es alle tun?

> **Beispiel 2: Informelle Kanäle**
>
> Wer kennt sie nicht, die informellen Kanäle, die Quellen für vorzeitige oder indiskrete Informationen? In jeder Organisation bilden sich früher oder später informelle Kanäle, mehr noch, sie existieren bereits, bevor ein Verantwortlicher ein Organigramm entwirft oder anpasst. Existieren in einer Organisation zahlreiche informelle Kanäle und Informationsflüsse, im Sinne einer Gewohnheit, sich auf informelle Art zu informieren, kann man von ineffizienten Abläufen ausgehen. Das ist primär ein organisatorisches (Sach-)Problem: Die vorgegebenen Kommunikationskanäle funktionieren nicht, oder die gemäss Organigramm definierten Dienstwege sind zu langsam. Dieses Problem könnte relativ einfach gelöst werden und indem Informationskanäle verbessert oder gewisse Abläufe gestrafft werden und möglicherweise auch das Organigramm angepasst wird. Im Extremfall könnte man ein Organigramm gar abschaffen; die informellen Kanäle würden dann zu den offiziellen Kanälen.

Inwiefern zeigt dieses Beispiel aber ein Spannungsfeld oder gar ein ethisches Dilemma auf? Informelle Kanäle sind ja eigentlich der Normalfall! Man stelle sich folgende Situation vor: Ein neuer Mitarbeiter, der bei der Einführung auf die Regeln und Abläufe aufmerksam gemacht wurde, merkt mit der Zeit, dass nicht alle Mitarbeitenden dieselben Abläufe befolgen, dass die Informationen auch anders verlaufen. Verspürt er da nicht ein Dilemma? Soll er, den Erwartungen seiner Chefin folgend, die normalen Abläufe befolgen oder so, wie es einige andere tun, den „Latrinenweg" benutzen? Je mehr seine Chefin die Abläufe hochhält, desto gespaltener wird er sein, ob er offizielle oder inoffizielle Wege nutzen soll. Hier existiert also ein Spannungsfeld zwischen der Realität und einem als gültig erklärten Organigramm (vgl. Abb. 1.4).

1.3 Spannungsfelder und Dilemmas in Organisationen

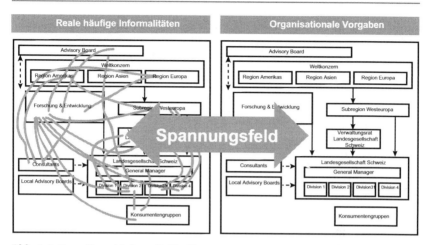

Abb. 1.4 Formelle und informelle Kanäle

Je öfter Verantwortliche das offizielle Organigramm als die gültige Richtlinie definieren, während die Dinge offensichtlich anders laufen, und je weniger Verantwortliche diese Diskrepanz mit Führungswille angehen, desto mehr handelt es sich um ein ethisches Problem und nicht nur um ein Sachfrage. Als direkte Folge solcher Zustände leidet sowohl die Glaubwürdigkeit der Verantwortlichen als auch der Organisation.

Durch das Konstrukt von Spannungsfeldern kann das Problem gezielter analysiert und in seine Bestandteile zerlegt werden (vgl. Abb. 1.5).

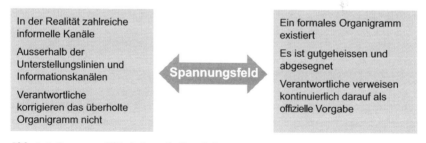

Abb. 1.5 Spannungsfeld „Informelle Kanäle"

> **Beispiel 3: Hintergedanken und verdeckte Absichten**
>
> Ein drittes Beispiel sind Hintergedanken. Der englische Ausdruck „hidden agendas" bringt es auf den Punkt. Es existieren gewisse Ziele („agendas"), welche aber bewusst verdeckt gehalten werden. Es geht also um verdeckte Absichten oder versteckte Beweggründe. Hegen viele der Mitarbeitenden innerhalb einer Organisation irgendwelche Hintergedanken, so wird die Organisation irgendwann dysfunktional. Es ist inzwischen üblich, dass Ziele nach aussen nicht offengelegt werden. In einem Verkaufsgespräch tasten sich Verkäufer und Einkäufer zuerst ab, versuchen die gegenseitigen Positionen zu eruieren. Ein Verkäufer wird seine Kosten nicht detailliert auf den Tisch legen; in diesem Kontext ist es normal, dass die Absichten und Ziele teilweise verdeckt bleiben. Innerhalb eines Unternehmens oder allgemein einer Organisation können aber gerade diese Verhandlungsgespräche eingespart werden. Man hat sich bereits grundsätzlich geeinigt. Die Transaktionskostentheorie begründet die Existenz von Organisationen gar damit, dass Organisationen da entstehen, wo Transaktionen auf ökonomischere Weise durch interne Arrangements erledigt werden können, anstatt diese jedes Mal neu zu verhandeln.

Wenn jemand in einer Organisation „Hidden Agendas" verfolgt, tritt er oder sie bewusst hinter diese internen Arrangements zurück – ein erster Aspekt eines Spannungsfeldes. Wird des Weiteren von einer auf grossem Vertrauen basierten Organisation ausgegangen, in der eine Kultur der Offenheit gepflegt wird, dann stellen „Hidden Agendas" ein eklatantes Spannungsfeld dar: Informationen verheimlichen vs. Offenheit einfordern.

Die Beispiele zeigen, dass es sich für ein besseres Verständnis eines ethischen Dilemmas lohnt, die Gegensätze, die Pole eines Spannungsfeldes zu identifizieren.

1.3.3 Spannungsfelder analysieren – ethische Dilemmas erfassen: einige Tipps

Im Alltag zeigt sich immer wieder, dass es gar nicht so einfach ist, ein ethisches Dilemma präzise zu erfassen. Noch schwieriger ist die Analyse des Dilemmas. Deshalb seien hier einige Tipps beschrieben, wie ein ungutes Bauchgefühl bei einem Dilemma in ein verständliches Spannungsfeld gewandelt werden kann.

1.3 Spannungsfelder und Dilemmas in Organisationen

Spannungsfeld mit zwei Polen
Zunächst geht es darum, das Widersprüchliche im Dilemma bzw. die beiden Pole des Spannungsfeldes zu finden. Informelle Kanäle allein sind noch kein Spannungsfeld; vielleicht sind sie auch einfach Ausdruck einer chaotischen Organisationskultur („ein chaotischer Haufen"). Informelle Kanäle können aber in Spannung stehen zu klaren Kommunikationsvorgaben, falls solche existieren. Folgende Fragen helfen beim Definieren der Pole:

- Welche Pole erzeugen ein Spannungsfeld?
- Worin besteht die Spannung?
- Was zieht in eine bestimmte Richtung, was in eine andere?

Gegensätzlichkeit der Pole
Ein Spannungsfeld existiert nur, wenn verschiedene Kräfte zwischen den Polen existieren. Um die Gegensätzlichkeit herauszuschälen, können folgende Fragen helfen:

- Welche Anspruchsgruppen (Stakeholders) sind betroffen?
- Welche Rechte, Ansprüche und Interessen haben die Betroffenen und wann geraten diese in Konflikt?
- Welche gesellschaftlichen, organisationalen und persönlichen Werte sind involviert?

Grafische Darstellung
Oft ist es hilfreich, die Spannung grafisch aufzuzeichnen und die Kräfte oder Pole zu benennen. Eine Dilemma-Situation erscheint oft klarer, wenn sie grafisch mit Hilfe der Pole IST und SOLL dargestellt wird, wobei das IST die Elemente der konkreten Situation und das SOLL die persönlichen, organisationalen und gesellschaftlichen Werte und Ansprüche verkörpert (vgl. Abb. 1.6).

Abb. 1.6 Darstellung eines Spannungsfelds mit IST und SOLL

Der IST-Pol und der SOLL-Pol
Ist die Rede von Spannungsfeldern im beruflichen Kontext, stellt die konkrete Situation das IST dar, die problematischen Aspekte eines Vorfalls oder einer Situation. Der konkrete Problemfall verursacht das ungute Gefühl im Bauch. Dieser Pol enthält die „schmutzige Realität", das Inoffizielle oder verpasste Chancen. Der SOLL-Pol besteht meist aus einem organisationalen Element bzw. einer offiziellen Vorgabe. Im Fall eines Spannungsfeldes stehen IST und SOLL miteinander im Konflikt, z. B. die konkrete Realität mit einem Reglement, der Organisationskultur oder einer Jahresstrategie.

Präzise Beschreibung
Beschreibungen wie „Wahrheit vs. Lügen" oder „Burn-out am Arbeitsplatz" sind zu allgemein und unpräzise für eine Analyse von Spannungsfeldern. Sie können sehr verschieden interpretiert werden. „Burn-out trotz mehrfachem Klärungsversuch der Arbeitsbelastung mit dem Vorgesetzten" hingegen deutet bereits an, wo das Spannungsfeld liegt. Ist dieses nicht klar fassbar, muss versucht werden, durch Nachfragen „in die Tiefe zu gehen". Dabei können folgende Fragestellungen helfen:

- Welches ist der engere und der weitere Kontext des Problemfalls?
- Wie hat sich der konkrete Problemfall kurz- oder langfristig entwickelt?
- Wie ist der Problemfall in die Organisation eingebettet?
- Welche Handlungsmöglichkeiten bestehen für die Beteiligten?

Sachprobleme und ethische Probleme
Ein vermeintlich ethisches Problem besteht möglicherweise aus mehreren Komponenten, wobei einige Komponenten „nur" Sachkomponenten sind. Überstunden zum Beispiel sind auch ein arbeitsrechtliches oder ein finanzielles Problem; sie können ebenfalls Ausdruck mangelnder Produktivität etc. sein. Ein Sachproblem kann oft vergleichsweise einfach gelöst werden, wenn es einzig um das Sachproblem geht: Überstunden verbieten, Produktivität durch Schulung erhöhen etc. Dazu muss der Problemfall in sachliche und ethische Bestandteile zerlegt werden.

Übertreibung oder Umkehrung
Manchmal wird ein Spannungsfeld klarer, wenn die Situation überspitzt aufgezeigt oder umgekehrt wird: Auch wenn der Verhaltenskodex eines Unternehmens immer feiner detailliert und jährlich oder halbjährlich überprüft wird, bleibt das Spannungsfeld, wenn die alltägliche Praxis diesem widerspricht. Auch wenn das Organigramm die Informationsflüsse immer detaillierter regelt, so bleibt das Spannungsfeld, wenn die Informationen andere Wege nehmen, die nur die Eingeweihten kennen.

1.3 Spannungsfelder und Dilemmas in Organisationen

- Was wäre aber, wenn der aktuelle Status zum offiziellen Standard erhoben würde?
- Könnten die Beteiligten auch damit leben?

Ähnlich wie im Businessalltag gilt auch hier: Wenn die Analyse nicht genügend trennscharf ist, wird sie nicht lange überleben. Die Ergebnisse von Workshops der Autoren dieses Werkes mit hunderten von Führungskräften zeigen, wie schwierig, aber auch wichtig es ist, Spannungsfelder im eigenen Arbeitskontext möglichst genau zu erfassen und zu beschreiben (vgl. Kap. 3.4.2).

1.3.4 Eine Liste von Spannungsfeldern

Jede Buchhaltung dokumentiert, wie verschiedene Geschäftsfälle zu verbuchen sind. Die Verkaufsabteilung hat Prozesse für verschiedene Kundenwünsche definiert. So ist es durchaus denkbar, dass eine Organisation die wichtigsten ethischen Herausforderungen zusammenfasst und entsprechende Vorgaben macht, beispielsweise als Teil eines Verhaltenskodex, von Trainings usw. Das besprochene Konstrukt von Spannungsfeldern hilft, die Problematik auf den Punkt zu bringen und sich einen Überblick zu verschaffen. Abbildung 1.7 zeigt ein Beispiel einer Liste von Spannungsfeldern. Oft ist es sinnvoll, die Beispiele zu ordnen und sie der Strategie-, Struktur- oder Kulturebene zuzuordnen.

1.3.5 Definition der „Nicht-Integrität" einer Organisation

In diesem Kapitel wurde das Konstrukt „Spannungsfeld" eingeführt. Es dient als Hilfsmittel, um ethische Dilemmas an die (Bewusstseins-)Oberfläche zu bringen, sie in Worte zu fassen und darzustellen.

Die hiermit gewonnenen Erkenntnisse erlauben, sich Gedanken darüber zu machen, was es heissen könnte, eine integre Organisation zu sein oder was Integrität im organisationalen Kontext bedeuten könnte. Im Sinne eines Zwischenschritts soll vorerst eine Negativdefinition genügen: Eine Organisation ist *nicht* integer, wenn Spannungsfelder existieren im Sinne von Inkonsistenzen zwischen der Art, wie gearbeitet wird, und den Werten und Vorgaben der Organisation (Strategien, Prozesse, legitime Erwartungen) und diese Spannungsfelder nicht aufgegriffen und bearbeitet werden. Je mehr Zeit verstreicht, bis ethische Dilemmas jeweils angegangen werden, desto weniger „integer" ist eine Organisation.

Abb. 1.7 Anordnung von Spannungsfeldern nach organisationalen Themen

Spannungsfelder, wie in diesem Kapitel eingeführt, sind ein wichtiges Werkzeug, um ethische Herausforderungen oder Dilemmas grafisch zu erfassen. Um aber genau analysieren und ausdrücken zu können, woran es fehlt, ist ein vertieftes Verständnis ethischer Erwartungen nötig. Dem widmet sich das nächste Kapitel.

1.4 Leitideen als ethisches Fundament für Entscheidungen

1.4.1 Sieben Leitideen guter Zusammenarbeit

Ethische Dilemmas in Worte zu fassen und das ethische Element eines Spannungsfeldes herauszuschälen, kann sprachlich eine Herausforderung sein. Es braucht praktische Fähigkeiten und eine Terminologie, um das eigene moralische Verständnis nachvollziehbar und verständlich auszudrücken.

1.4 Leitideen als ethisches Fundament für Entscheidungen

In einer arbeitsteiligen Welt, wo es um sinnvolle Zusammenarbeit zwischen sozialen Wesen geht, sind Kommunikation, Koordination und grundsätzlicher Respekt fundamental. Respekt ist umso wichtiger, je komplizierter die Kommunikation auf der rein sprachlichen (z. B. Fremdsprachen) oder technischen (wenig persönlicher Austausch) Ebene ist.

Zur ethischen Fundierung erscheint es somit sinnvoll, für Kommunikation und Koordination auf die Diskursethik für Respektfragen auf die Anerkennungsethik als philosophische Grundlage („Moral Point of View") zurückzugreifen. Für die Diskursethik hat Ulrich, für die Anerkennungsethik Maak sogenannte Leitideen für den wirtschaftlichen Kontext entwickelt (vgl. Kap. 1.4). In ihrer Kombination bilden diese Leitideen ein ethisches Fundament, das für die Praxis tauglich ist. Sie helfen, ein spezifisches ethisches Dilemma gezielt zu analysieren und einer Lösung zuzuführen. Die Leitideen können grafisch als sieben Bausteine dargestellt werden, wobei die drei anerkennungsethischen Leitideen die eigentliche Wertebasis bilden und deshalb als untere Schicht dargestellt werden (Renz 2007, S. 129) (vgl. Abb. 1.8).

Diese sieben Leitideen können als Bausteine des ethischen Fundaments eines Unternehmens dienen. Mit anderen Worten: Die Leitideen erlauben, eigene Werte wie zum Beispiel Respekt genauer zu definieren, wichtige Nuancen auszuleuchten und damit Interpretationsspielräume zu klären.

Daraus lässt sich die Vision einer hochprofessionellen Organisation ableiten: Entsprechend der Art und Weise, wie eine Organisation ein Sachproblem gezielt angeht und löst, kann sie auch ethische Herausforderungen versiert und agil angehen und möglichst auch lösen. Die obigen Leitideen können dabei als gemeinsame Wertebasis und als gemeinsames Vokabular dienen, um über ethische Dilemmas zu sprechen.

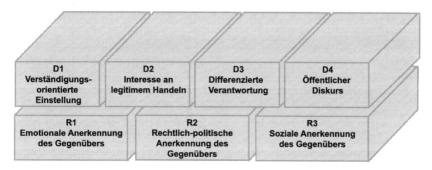

Abb. 1.8 Sieben Leitideen guter Zusammenarbeit

Nachfolgend wird jede Leitidee vorgestellt und mit organisatorischen Beispielen erläutert.

1.4.2 Leitidee R1: Emotionale Anerkennung

Die emotionale Anerkennung stellt die grundlegendste Form der Anerkennung dar. Dabei geht es darum, dass eine Person als Individuum anerkannt wird und nicht als Sache, als Tier oder als Objekt. Man anerkennt das Gegenüber als ein menschliches Geschöpf, mit den typisch menschlichen Eigenschaften, Stärken und Schwächen.

Die emotionale Anerkennung findet sich typischerweise zwischen Kollegen, Partnern oder innerhalb einer Familie. Auch im organisationalen Kontext ist emotionale Anerkennung zentral, selbst wenn es hier nicht primär um die personale Liebe oder Freundschaft geht. Hier geht es darum, das Gegenüber grundsätzlich anzuerkennen, im Sinne von „Du bist okay".

Das Nicht-Beachten der emotionalen Anerkennung kann zu moralischen Verletzungen oder zu einem emotionalen Schaden führen (Maak 1999, S. 83 ff.). Verbale, psychologische oder physische Attacken, zum Beispiel durch Mobbing, können ihre Ursache in einem Mangel an emotionaler Anerkennung haben (vgl. Kap. 2.4.7). Man spricht dem Gegenüber quasi die Existenzberechtigung ab. Erhält eine Person keine emotionale Anerkennung – in welcher Form auch immer – kann sie meistens keine gute Arbeit leisten oder ihr Potential nicht voll entwickeln. Das Selbstvertrauen der Person wird beeinträchtigt (Pless und Maak 2004, S. 129 ff.).

Folgende Beispiele treten im Berufsalltag häufig auf:

- Lob als Ausdruck von emotionaler Anerkennung
- Würdigung der Leistungen einer Person
- Ausgewogene Rückmeldungen/Feedbacks mit positiven und zu verbessernden Aspekten
- Mobbing einer spezifischen Person, als Negativbeispiel

1.4.3 Leitidee R2: Rechtlich-politische Anerkennung

Die rechtlich-politische Anerkennung entspricht einer Reihe von grundsätzlichen Rechten eines jeden als Mensch und Bürger (Maak 1999, S. 99 ff.). Indem wir jemandem rechtlich-politische Anerkennung schenken, gestehen wir dieser Person grundsätzliche Rechte als Mensch zu. Gleichzeitig ist die rechtlich-politische Anerkennung eines Menschen auch die Grundlage dafür, dass dieser Mensch nicht nur Mensch, sondern auch Bürger oder Bürgerin einer Gesellschaft sein kann.

1.4 Leitideen als ethisches Fundament für Entscheidungen

Die Menschenrechte gründen auf dieser Art von Anerkennung und sind Ausdruck davon. Die Gleichberechtigung der Geschlechter oder die Anerkennung von Minderheiten ist ebenfalls Ausdruck von rechtlich-politischer Anerkennung. Positive emotionale Bestätigung (R1) und rechtlich-politische Anerkennung (R2) sind die Basis dafür, dass Menschen sich als gegenseitig anerkennende, freie und gleichgestellte Lebewesen entwickeln können (Maak 1999, S. 99 ff.).

Die nachfolgenden Beispiele kommen im Berufsalltag vor:

- Gleicher Lohn für Mann und Frau
- Geschlechtersensible Sprache
- Betriebskommission, in welcher alle Chargen und Funktionen vertreten sind

1.4.4 Leitidee R3: Soziale Anerkennung

Diese Form der Anerkennung bedeutet, dass eine Person und deren Fähigkeiten als wertvoll für eine konkrete Gruppe oder Gesellschaft angesehen werden (Honneth 1994, S. 197 ff.). Hier steht nicht die einzelne Person im Zentrum, sondern deren grundsätzliche Wichtigkeit als Teil einer Gemeinschaft. Ein vielleicht plakatives Beispiel hierzu: Frauen sind wichtig für unsere Gesellschaft, nicht (nur) weil sie dieselben Rechte haben sollten (vgl. R2 – rechtlich-politische Anerkennung), sondern weil eine reine Männergesellschaft auch sozial eine Verarmung wäre. Maak spricht auch von der solidarischen Anerkennung, weil durch eine gegenseitige soziale Anerkennung unter verschiedenen, aber dennoch gleichwertigen Personen auch Solidarität entsteht (Maak 1999, S. 103 ff.). Gelebte Solidarität könnte damit beschrieben werden als „face-to-face"-Anerkennung unter gleichwertigen, aber verschiedenen Menschen, was Bestätigung und Motivation verschafft (Pless und Maak 2004, S. 129 ff.). Das schweizerische Selbstverständnis als Viersprachen-Gesellschaft ist z. B. auch ein Ausdruck von sozialer Anerkennung.

Nachfolgend einige Beispiele aus dem Berufsalltag:

- Förderung von Diversität am Arbeitsplatz
- Rekrutierungsgremien mit Vertretung beider Geschlechter
- Risikoidentifizierung mit Einbezug aller Beteiligten und Betroffenen
- Gelebte Nulltoleranz bei Diskriminierungen
- Als Negativbeispiel: Mobbing von Ausländern

Die beschriebenen drei Leitideen der Anerkennungsethik (R1–R3) sind besonders hilfreich, um an tiefliegende Ursachen ethischer Dilemmas heranzukommen. Gegenüber diesen inhaltlichen Leitideen setzen die vier nachfolgend vorgestellten Leitideen der Diskursethik einen eher prozeduralen Akzent. Guter Diskurs ist dabei nicht ohne Werteinhalte: Um eine Person als Gesprächspartner oder Gesprächspartnerin überhaupt akzeptieren zu können, muss ihr emotionale Anerkennung entgegengebracht werden. Zudem haben Kolleginnen und Kollegen das Recht, als beteiligte oder betroffene Akteure angehört zu werden.

1.4.5 Leitidee D1: Verständigungsorientierte Einstellung

Die erste Leitidee aus der Diskursethik ist auch die wichtigste. Sie besagt nichts anderes, als dass man bei Fragen oder Problemen das Gespräch suchen soll. Diskursethisch handeln heisst, dass alle Beteiligten eine gute Verständigung untereinander erreichen wollen.

„Gute" Verständigung heisst dann, dass die Beteiligten nur solche Ansprüche stellen, die sie für richtig halten, dass sie diese vorbehaltlos begründen können und dass sie lösungsorientiert im Sinne einer rationalen Konsensfindung diskutieren (Ulrich 2001, S. 83). Sogenannte Scheinargumente verletzen diese Leitidee. Es geht auch nicht darum, Kompromisse zu verlangen, sondern grundsätzlich nur um die Idee, Probleme durch Kommunikation anzugehen. Der auf Englisch gängige Ausdruck „Let's agree to disagree" ist ein schöner Ausdruck einer derartig geführten Kommunikation.

Folgende Beispiele kommen im Berufsalltag vor:

- Der Griff zum Telefon (anstelle eines Verdrängens oder Hinauszögerns)
- Gesprächsroutinen, wie „Was meinst Du mit..." oder „Mit anderen Worten, es geht um...?"
- „Wir sind uns einig, dass wir das unterschiedlich sehen, nämlich so und so..."
- Es gilt nur die Macht des besseren Arguments.

1.4.6 Leitidee D2: Interesse an legitimem Handeln

Diese Leitidee propagiert einen klaren Willen, legitim zu handeln. Das Handeln wird mit den entsprechenden Personen abgestimmt, und dies nicht (nur) aus Zwang, sondern aus echtem Interesse. Legitimes Handeln heisst dann, dass das Handeln von allen Betroffenen gut geheissen wurde. Durch die Absprache mit betroffenen Personen legitimieren wir unser Handeln.

Das zentrale Moment dieser Leitidee ist aber nicht, dass legitim *gehandelt wird*, sondern dass ein *vorbehaltloses Interesse* daran besteht, legitim zu handeln und im Zweifelsfalle durch einen Diskurs Klärung zu schaffen. Diese Leitidee postuliert

1.4 Leitideen als ethisches Fundament für Entscheidungen

auch nicht, dass keine eigenen Interessen vorhanden sein sollen – das wäre ja entgegen der Conditio Humana – aber dass diese im Zweifelsfall zu klären sind und dass im Konfliktfall, mit Hilfe der ersten Leitidee, auf kommunikative Art und Weise einen Konsens zu finden ist.

Die nachfolgenden Beispiele treten im Berufsalltag auf:

- Klärung von persönlichen Zielen, z. B. ob sich ein nebenberufliches Engagement mit der Hauptanstellung vereinbaren lässt
- Abklären, ob man ein Geschenk eines (potentiellen) Kunden annehmen darf
- Das persönliche Engagement, sich bei Submissionsverfahren für die Richtlinien einzusetzen
- Der Mut, auf Diskrepanzen zwischen Nachhaltigkeitserklärungen und Billigpreisvorgaben hinzuweisen.

1.4.7 Leitidee D3: Differenzierte Verantwortung

Manchmal kann ein Diskurs aus praktischen Gründen nicht direkt stattfinden: Vorgesetzte sind gerade nicht erreichbar, der normale Kommunikationskanal ist nicht verfügbar oder es wäre unziemlich, mit der betroffenen Person direkt zu sprechen. Wie kann die Verantwortung übernommen werden, wenn eine „normale" Kommunikation nicht möglich ist? Wie kann dennoch diskursethisch korrekt gehandelt werden, wenn ein gegenseitiger Diskurs gar nicht durchführbar ist? Die Antwort darauf ist, einen fiktiven Diskurs zu halten. Sozusagen in einsamer Reflexion mit sich selber werden die legitimen Ansprüche des fiktiven Gegenübers gegenüber den Eigenen abgewogen. Die verantwortlich handelnde Person richtet ihre Handlungen so aus, wie wenn eine uneingeschränkte Kommunikation möglich wäre. Sie übernimmt aber durch den fiktiven Diskurs eine Art „Mitverantwortung". Die Diskursethik nennt dies differenzierte Verantwortung. Im Praktischen entspricht dies einer Organisation, in welcher die Mitarbeitenden gerne Verantwortung übernehmen – sich nicht vor dem Stier drücken – und auch dafür gerade stehen, ohne unverhältnismässige Konsequenzen befürchten zu müssen.

Dieses Konzept eignet sich auch für Situationen, in denen Kommunikation nie möglich sein wird, z. B. im Umgang mit einem Ungeborenen oder mit einer unzurechnungsfähigen Person. Diese Leitidee dient auch bei ethischen Problemen in einem interkulturellen Kontext: Statt sich resigniert einer Situation ergeben zu müssen, kann man sich aktiv mit verschiedenen Standpunkten und verschiedenen kulturellen Ansprüchen auseinandersetzen.

Weitere Beispiele aus dem Berufsalltag sind folgende:

- Der Firmenfahrer, der mangels Kommunikationsmöglichkeiten – die Chefin ist in einem Meeting – selbst entscheidet, die Route abzuändern, um die kranke Mutter im Spital zu besuchen. Er klärt dies aber nachträglich so bald als möglich mit seiner Vorgesetzten.
- Das Auslegen von gesetzlichen Vorgaben; was bedeutet ein bestimmtes Gesetz im konkreten Fall für die eigene Organisation.
- Abwägungen von negativen ökologischen oder sozialen Auswirkungen der eigenen Handlungen. Die „Mutter Natur" oder eine zukünftige Generation können dabei das fiktive Gegenüber darstellen.

1.4.8 Leitidee D4: Öffentlicher Diskurs

Damit echte Diskurse stattfinden können, müssen sie Raum erhalten. In stark hierarchisch strukturierten Organisationen ist ein machtfreier Diskurs oft nicht möglich. Gute Diskurse im Sinne der ersten drei Leitideen ergeben sich aber letztlich nur, wenn eine Organisation offen ist und diese ermöglicht. Ulrich spricht von normativer Offenheit der Organisation und einer strukturellen Machtfreiheit (Ulrich 2001, S. 91). Man spricht in diesem Zusammenhang auch vom „Public Binding" im Sinne des Ortes, wo man öffentlich geradestehen soll und kann.

Diese Leitidee verlangt, dass ein „Ort der Moral" existiert, an dem ein Diskurs im Sinne eines machtfreien öffentlichen Diskurses möglich ist (Ulrich 2001, S. 91). Für eine Organisation heisst das konkret, dass „Gefässe" geschaffen werden, in denen Diskurse stattfinden können. Ein Beispiel dafür ist, ein Traktandum „Aktuelle ethische Dilemmas" in der Wochensitzung fix einzuplanen. Eine derartig erweiterte Tagesordnung/Traktandenliste ist auch ein Zeichen der Führung im Sinne der oben genannten normativen Offenheit. Diese Leitidee hält eine Organisation dazu an, mit Gefässen und Prozessen letztlich bestmögliche Bedingungen für die Kommunikation zu institutionalisieren.

Nachfolgend wiederum einige Beispiele aus dem Berufsalltag:

- Integritätsfragen als festen Punkt auf Traktandenlisten setzen
- Einrichten einer Hotline für Whistle Blowing oder weitere Gefässe
- Anonyme Umfrage, inwiefern sich Mitarbeitende „zu reden getrauen"
- Die Führung hat den Ruf, sich vor ethischen Herausforderungen nicht zu drücken, und bringt dies wiederholt zum Ausdruck.

1.5 Der Prozess des Integritätsmanagements

1.5.1 Das Ablaufschema zur Lösung ethischer Dilemmas

Das Ziel des Integritätsmanagements ist es, Situationen, welche die organisationale Integrität gefährden, zu erkennen, mit einer einfachen Sprache zu beschreiben und als Teil der normalen Managementverantwortungen zu lösen. Das Ergebnis ist, dass Probleme wie Korruption, strategische Opposition, Mobbing usw. frühzeitig erkannt und angegangen werden können, bevor sie sich ausbreiten wie ein „Krebsgeschwür" oder Skandale und Reputationsschäden verursachen.

Die „Leitideen guter Zusammenarbeit" bieten eine Terminologie, um ethische Vorstellungen sprachlich auszudrücken. Nun werden die Leitideen in einen Prozess eingeordnet, den man als eigentliches „Managen" der Unternehmensintegrität verstehen kann. Das folgende Ablaufschema in Abb. 1.9 soll helfen, ethische

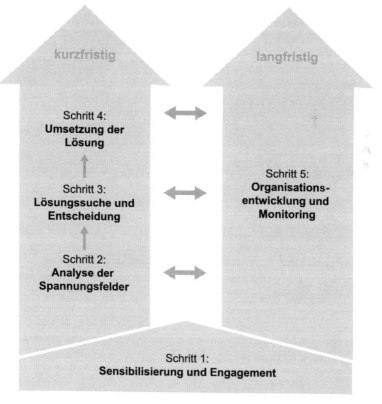

Abb. 1.9 Das Ablaufschema zur Lösung ethischer Dilemmas

Dilemmas systematisch zu erfassen, zu lösen und gleichzeitig Organisationselemente für den langfristigen Erfolg anzupassen (Renz 2007, S. 133).

Das Ablaufschema zur Lösung ethischer Dilemmas hat eine zweigleisige Struktur. Es unterstreicht die Parallelität von kurzfristigen und langfristigen Lösungen ethischer Dilemmas in Organisationen.

1.5.2 Schritt 1: Sensibilisierung und Engagement

Im ersten Schritt geht es darum, ein ethisches Problem überhaupt wahrzunehmen und lösen zu wollen. Bis vor wenigen Jahren sah das Management seine Verantwortung allein darin, den Gewinn für die Eigentümer des Unternehmens zu steigern. Aus ethischer Perspektive sind aber alle beteiligten und betroffenen Akteure zu berücksichtigen, also nicht nur die Shareholder, sondern auch die Stakeholder wie Mitarbeitende, Kunden, Lieferanten, Partner, Gemeinden oder der Staat.

Zentral ist die Frage, ob eine Organisation und ihre Mitarbeitenden überhaupt ethische Probleme wahrnehmen und sich engagieren wollen. Wenn das Management ethische Fragen ausblendet, läuft es Gefahr, sich eines Tages vor der Presse, der Belegschaft oder Nahestehenden erklären zu müssen.

Wenn ein ethisches Problem erkannt ist, so braucht es zudem einen Willen und manchmal auch Mut, um das Problem zu lösen. Innerhalb einer Organisation muss geklärt werden, wer für die Lösung des Problems verantwortlich ist.

Wichtige Fragen während des ersten Schrittes sind:

- Wo und in wie Fern existiert ein ethisches Problem?
- Welche Anzeichen für das ethische Problem gibt es?
- Wer sind beteiligte und betroffene Akteure?
- Ist der Wille da, das ethische Problem anzugehen?
- Wer ist verantwortlich, das ethische Problem anzugehen?

1.5.3 Schritt 2: Analyse der Spannungsfelder

Im zweiten Schritt geht es darum, den Sachverhalt auszuleuchten und das ethische Dilemma genau zu kristallisieren. Es geht insbesondere darum, Interessen, Ansprüche und Rechte der beteiligten Akteure sowie Konfliktfelder zwischen ihnen zu klären. Durch die Analyse werden die Beziehungen und Interaktionen zwischen den beteiligten Akteuren sichtbar gemacht. Erst dadurch treten ethische Mängel, Missstände oder Verstösse zu Tage. Das Dilemma kann zudem unterschiedliche Bereiche einer Organisation betreffen, die Strategie, die Struktur oder die Kultur.

Sehr hilfreich bei der Analyse ist die Arbeit mit Spannungsfeldern. Ein ausgearbeitetes Spannungsfeld zu einem Dilemma beschreibt einerseits IST-Pole und SOLL-Pole und identifiziert andererseits die relevanten Leitideen der Anerkennungs- und Diskursethik, die für das Dilemma relevant sind (vgl. Kap. 1.3).

Wichtige Fragen im zweiten Schritte sind:

- Welche Interessen, Ansprüche und Rechte haben die Akteure?
- Welche Beziehungen und Interaktionen gibt es zwischen den Akteuren?
- Welchen Bereich betrifft das Dilemma: Strategie, Struktur oder Kultur?
- Welches sind die IST- und die SOLL-Pole des Spannungsfeldes?
- Welche ethischen Leitideen werden im Dilemma verletzt?

1.5.4 Schritt 3: Lösungssuche und Entscheidung

Im dritten Schritt geht es darum, die unterschiedlichen Ansprüche abzuwägen und das Dilemma einer Lösung zuzuführen. Je nach Dilemma ist es sinnvoll, die beteiligten Akteure in den Entscheidungsprozess einzubeziehen. Oft ist es aber so, dass die verantwortliche Person alleine eine Entscheidung fällen muss. Sowohl in einem realen als auch in einem inneren Dialog werden nun die Ansprüche einander gegenübergestellt und bewertet, bis sich ein Gleichgewicht der Überlegungen einstellt. Dies ist kein mechanisches Verfahren, sondern eine reale oder gedankliche Diskussion und Abwägung. Dabei gilt gemäss Diskursethik nur die Macht des besseren Arguments.

Die Ansprüche sind ganzheitlich von einem unparteiischen Standpunkt aus zu betrachten und zu bewerten. Grundlegende Güter wie etwa Menschenrechte, Menschenwürde oder Gesundheit haben Vorrang vor bloss nützlichen Gütern wie mehr Gewinn oder mehr Einkommen. Von einem diskursethischen Standpunkt aus betrachtet, müsste die Lösung grundsätzlich für alle Beteiligten akzeptierbar sein.

Das Ergebnis des dritten Schrittes ist eine Handlungsabsicht oder eine Zielformulierung mit einer nachvollziehbaren Begründung. Der Mehrwert der Ethik liegt nun darin, dass sie gute Gründe für eine Entscheidung liefert, welche auch für betroffene Akteure nachvollziehbar sind.

Wichtige Fragen zum dritten Schritt sind:

- Wie können Akteure an der Lösungssuche beteiligt werden?
- Welche Argumente werden in die Abwägung einbezogen?
- Welches ist die Handlungsabsicht bzw. die Zielsetzung?
- Welches ist die Entscheidung?
- Wie ist die Entscheidung begründet?

1.5.5 Schritt 4: Umsetzung der Lösung

Das Ziel des Integritätsmanagements ist nicht nur die gute Absicht, sondern auch die gute Handlung. Mängel, Missstände oder Verstösse sollen behoben werden. Dazu sind geeignete Massnahmen zu konzipieren und umzusetzen.

Das Ablaufschema unterscheidet zwischen einer kurzfristigen und einer langfristigen Perspektive. Das aktuelle Dilemma soll nach Möglichkeit aufgelöst werden; gleichzeitig sind aber zur längerfristigen Verbesserung auch wünschenswerte Veränderungen in der Organisation mitzudenken.

Massnahmen bringen für die beteiligten Akteure Vorteile und Nachteile, die sorgfältig gegeneinander abgewogen und koordiniert werden müssen. Nicht nur das Ziel, sondern auch der Weg zum Ziel muss ethisch vertretbar sein. Gute Massnahmen sind gleichzeitig zweckmässig und verhältnismässig.

Wichtige Fragen des vierten Schrittes sind:

- Welche Massnahmen werden zur Lösung des Dilemmas umgesetzt?
- Wie ist der Projektplan für die Umsetzung der Massnahmen?
- Welche Vorteile und Nachteile bringen die Massnahmen für wen?
- Wie werden die verschiedenen Massnahmen koordiniert?
- Welche Ressourcen werden für die Massnahmen eingesetzt?

1.5.6 Schritt 5: Organisationsentwicklung und Monitoring

Die Massnahmen sollen nicht nur ein aktuelles ethisches Dilemma lösen, sondern auch die Integrität in der organisationalen Struktur verankern und festigen. Die Organisation wird professioneller, auch in der Lösung ethischer Dilemmas: Ein ähnliches ethisches Dilemma soll beim nächsten Mal so gut und selbstverständlich gelöst werden wie z. B. die Rekrutierung eines neuen Mitarbeitenden. Dazu müssen allenfalls Verantwortlichkeiten neu geregelt und Geschäftsprozesse angepasst werden. Manche Massnahmen wirken vielleicht nicht oder haben unerwartete Konsequenzen, die nach Begleitmassnahmen rufen. Auch die Massnahmen des Integritätsmanagements bedürfen deshalb eines Überwachungsprozesses als Monitoring. Wichtige Fragen für den ganzen Prozess sind:

- Welche Massnahmen dienen der Weiterentwicklung der ethischen Fähigkeit der ganzen Organisation?
- Wie wird der Erfolg der getroffenen Massnahmen überprüft?
- Wie gut funktioniert die Kommunikation?
- Welche Erkenntnisse lassen sich aus dem Lösungsprozess ziehen?
- Werden ethische Probleme auch vorbeugend identifiziert?

1.5.7 Definition der Integrität einer Organisation

Im ersten Kapitel wurde der Begriff „Integritätsmanagement" provisorisch eingeführt und kurz erläutert (vgl. Kap. 1.1.3). Nun sollen Ziel und Aufgaben des Integritätsmanagements genauer definiert werden. Eine Organisation mit ihren Strategien, ihren Strukturen und ihrer Kultur ist integer, wenn sie Spannungsfelder fortlaufend erkennt, nach den Leitideen der Diskursethik und Anerkennungsethik analysiert und löst. Dies ist Teil der normalen Managementaufgaben mit entsprechendem Controlling und Verbesserungsprozessen. Integritätsmanagement ist also nicht nur die Lösung von Einzelfällen, sondern gehört zum Geschäftsalltag wie etwa die Führung der Mitarbeitenden, die Qualitätskontrolle oder die Materialbestellung.

Integritätsmanagement bedarf auch einer gewissen Institutionalisierung. Es braucht eine Plattform, Zeitgefässe und definierte Prozesse, um ethische Dilemmas systematisch zu bearbeiten. Die Minimalvariante eines Integritätsmanagements ist ein vordefiniertes Traktandum „Stand des Integritätsmanagements" an den Sitzungen der Leitungsgremien auf den verschiedenen Stufen. Die Abb. 1.10 zeigt die Aufgaben, die jede *Hierarchieebene* zu erfüllen hat.

Ethische Überlegungen anzustellen, sich darüber auszutauschen, diese explizit in Entscheidungsfindungen miteinzubeziehen – dies soll Teil der normalen Verantwortung jeder Hierarchiestufe werden.

Das Board...

- entscheidet sich für eine befähigende Integritätskultur und setzt sich damit von einer vorschreibenden Compliance-Kultur ab.
- fordert und kontrolliert, dass das Traktandum Integritäts-Management in der einen oder anderen Form auf der Tagesordnung/Traktandenliste der periodischen Meetings aller hierarchischen Stufen figuriert.
- erkundigt sich innerhalb seiner eigenen Board Meetings, welche ethischen Herausforderungen in der Organisation existieren, und bietet Mitdenken an.

Die Geschäftsleitung...

- organisiert Initialschritte, zum Beispiel einen Workshop mit externer Moderation zum Thema Werte, Spannungsfelder, organisationale Integrität.
- fragt monatlich, welche ethischen Herausforderungen anstehen, und diskutiert mögliche Lösungen.
- bedenkt längerfristig befähigende Massnahmen zur Stärkung der Organisation.
- fördert eine Kultur des Respekts und der diskursiven Problemlösung.

Die Mitarbeitenden...

- sind sensibilisiert und beginnen, Spannungsfelder bewusst wahrzunehmen.
- erfahren ethische Reflexion als normalen Teil der täglichen Problemlösung.
- bringen ethische Dilemmas auf den Tisch und sind offen für eine Diskussion.

Abb. 1.10 Aufgaben im Integritätsmanagement

Literatur

Dux, G. (2008). *Warum denn Gerechtigkeit. Die Logik des Kapitals.* Weilerswist: Velbrück Wissenschaft.
Duden, K. (2006). *Das Herkunftswörterbuch. Etymologie der deutschen Sprache* (Bd. 7). Mannheim: Dudenverlag.
Göbel, E. (2013). *Unternehmensethik. Grundlagen und praktische Umsetzung* (3. Aufl.). Stuttgart: Lucius & Lucius.

Habermas, J. (1983). *Moralbewusstsein und kommunikatives Handeln*. Frankfurt a. M.: Suhrkamp.

Habermas, J. (1991). *Erläuterungen zur Diskursethik*. Frankfurt a. M.: Suhrkamp.

Habermas, J. (1999). *Die Einbeziehung des Anderen: Studien zur politischen Theorie*. Frankfurt a. M.: Suhrkamp.

Honneth, A. (1994). *Kampf um Anerkennung: Zur moralischen Grammatik sozialer Konflikte*. Frankfurt a. M.: Suhrkamp.

Honneth, A. (2000). *Das Andere der Gerechtigkeit: Aufsätze zur praktischen Philosophie*. Frankfurt a. M.: Suhrkamp.

Honneth, A. (2010). *Das Ich im Wir: Studien zur Anerkennungstheorie*. Berlin: Suhrkamp.

Kant, I. (1785/1974). *Grundlegung zur Metaphysik der Sitten. Kritik der praktischen Vernunft. Werkausgabe Band VII*. Frankfurt a. M.: Suhrkamp.

Maak, T. (1999). *Die Wirtschaft der Bürgergesellschaft*. Bern: Haupt.

Maak, T., & Ulrich, P. (2007). *Integre Unternehmensführung – ethisches Orientierungswissen für die Wirtschaftspraxis*. Stuttgart: Schäffer-Poeschel Verlag.

Pless, N. M., & Maak, T. (2004). Building an inclusive diversity culture. Principles, processes and practices. *The Journal of Business Ethics, 54*, 129–147.

Renz, P. (2007). *Project governance. Implementing corporate governance and business ethics in nonprofit organizations*. Heidelberg: Physica-Verlag.

Renz, P., & Böhrer, N. (2012). *Niederlassungen führen. Mit Subsidiary Governance zum Erfolg*. Berlin: Springer Gabler.

Schockenhoff, E. (2007). *Grundlegung der Ethik. Ein theologischer Entwurf*. Freiburg im Breisgau: Herder.

Ulrich, P. (2001). *Integrative Wirtschaftsethik. Grundlagen lebensdienlicher Ökonomie* (3. Aufl.). Bern: Haupt.

United Nations (UN). (1948). Allgemeine Erklärung der Menschenrechte vom 10. Dezember 1948. http://www.ohchr.org/en/udhr/pages/Language.aspx?LangID=ger. Zugegriffen: 1. Juli 2014.

Fallbeispiele zum Integritätsmanagement

2

Zusammenfassung

Das Kapitel stellt typische Dilemmas im Unternehmensalltag als Fallbeispiele vor. Jedes Dilemma wird vorgestellt, mit einem konkreten Beispiel illustriert und anschliessend mit Hilfe von Spannungsfeldern analysiert.

Die Fallbeispiele sind nach den drei Bereichen des Integritätsmanagements geordnet. Im Bereich „Prinzipien" werden folgende Fallbeispiele vorgestellt: Korruption, Bestechung, Schmiergelder; Geschenke und Gefälligkeiten; Lobbying und Parteienfinanzierung; Transparente Produktinformation; Faire Preispolitik; Diskriminierung bei der Rekrutierung; Gleichberechtigung; Religiosität am Arbeitsplatz.

Im Bereich „Prozesse" werden folgende Fallbeispiele vorgestellt: Zulieferkette; Umstrittene Aufträge; Auftragsvergabe: das billigste Angebot; Produktequalität und –sicherheit; Gesundheit und Sicherheit am Arbeitsplatz; Informelle Kanäle; Leistungsmessung und Leistungsbeurteilung; Faire Lohnsysteme; Entlassung.

Im Bereich „Menschen" werden folgende Fallbeispiele vorgesellt: Persönliche Überzeugungen; Hintergedanken – Hidden Agendas; Whistleblowing; Loyalität gegenüber Arbeitgeber; Reaktion auf Fehlverhalten; Alkoholproblem; Mobbing; Sexuelle Belästigung.

Zu jedem Fallbeispiel werden Vorschläge zur Lösung und zum Vorgehen formuliert sowie Hintergrundinformationen und weiterführende Links und Literatur aufgeführt.

2 Fallbeispiele zum Integritätsmanagement

Das Ziel des zweiten Kapitels ist es, typische Dilemmas im Unternehmensalltag als Fallbeispiele vorzustellen, zu analysieren und Lösungsvorschläge zu diskutieren.

2.1 Übersicht zu den Fallbeispielen

Die Fallbeispiele sind nach den drei Bereichen „Prinzipien", „Prozesse" und „Menschen" gegliedert (vgl. Abb. 2.1).

Die Fallbeispiele werden nun einzeln vorgestellt, erläutert und mit einem konkreten Beispiel illustriert. Anschliessend werden ethische Spannungsfelder mit Hilfe der anerkennungs- und diskursethischen Leitideen aus Kap. 1 analysiert. Die Praxistipps zum Vorgehen orientieren sich an den fünf Schritten des allgemeinen

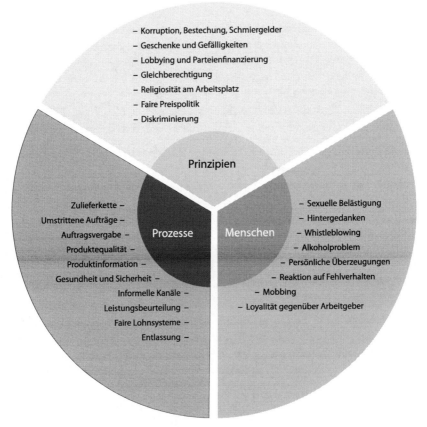

Abb. 2.1 Übersicht zu den Fallbeispielen

Ablaufschemas. Zu den einzelnen Schritten werden wichtige Bemerkungen eingeführt und die Fallbeispiele mit Hinweisen zum Hintergrund und weiterführenden Informationen abgerundet.

2.2 Fallbeispiele zum Bereich „Prinzipien"

2.2.1 Korruption, Bestechung, Schmiergelder

Transparency International definiert Korruption als den Missbrauch einer anvertrauten Machtstellung zu privatem Nutzen (http://www.transparency.ch). Folgende Formen werden unterschieden:

- Aktive Bestechung (wer einen Amtsträger besticht)
- Passive Bestechung (ein Amtsträger lässt sich bestechen)
- Vorteilsgewährung und Vorteilsannahme (unerlaubte Vorteile, Geschenke)
- Schmiergelder (auch speed money, facilitation payments, grease money) zur Beschleunigung bürokratischer Vorgänge
- Der materielle Vorteil
- Der immaterielle Vorteil
- Ungebührende Vorteile bzw. Geschenkannahmen
- Spenden (zur Gewinnung eines rechtswidrigen Einflusses auf Entscheidungen)
- Vetternwirtschaft (auch Filz oder Günstlingswirtschaft) (Nutzen von privilegierten Beziehungen zu Lasten des Gemeinwohls oder der Gleichbehandlung)
- Betrug/Veruntreuung zu privatem Nutzen

Vor allem für im Ausland tätige Unternehmen ist Korruption ein Problem. Sie stehen auf den internationalen Märkten unter grossem Druck. Oft hängt viel davon ab, ob man eine Bewilligung innert nützlicher Frist erhält, ein Produkt rechtzeitig vermarktet werden kann oder eine bestimmte Ausschreibung gewonnen wird. Korruption ist aber auch im Inland ein Thema. Wie entscheidet sich ein Unternehmen, wenn sich in einer solchen Situation jemand anbietet, gegen verdeckte Zahlungen oder Geschenke zu helfen? (SECO b).

War Korruption früher ein Kavaliersdelikt, das kaum geahndet wurde, ist sie heute national wie international in vielen Gesetzgebungen verboten.

Fallbeispiel

Thomas, Verkaufsleiter eines mittelgrossen Industrieunternehmens, ist für die Einführung eines neuen Produkts im Ausland verantwortlich. Als Voraussetzung für den Marktzutritt schreiben einige Länder eine staatliche Bewilligung vor, wobei das Verfahren bis zum Erhalt dieser Zulassung normalerweise ein Jahr in Anspruch nimmt. „So lange können wir auf keinen Fall warten! Die Konkurrenz schläft schliesslich nicht!" meinte sein Chef, als Thomas ihm die Problematik schilderte. Von einem früheren Kollegen, der nun bei der Konkurrenz arbeitet, hat Thomas gehört, dass mit einer Zahlung von 25.000 Dollar das Produkt innerhalb weniger Wochen die Zulassung erhält. Was soll er nun tun?

Analyse des Spannungsfeldes und Leitideen

Korruption, Bestechung und Schmiergelder sind meist geregelt in internen Kodizes oder Mitarbeitendenrichtlinien. Gleichzeitig sind es je nach Land mehr oder weniger stark geahndete Offizialdelikte. In der schweizerischen Gesetzgebung ist die Bestechung eines ausländischen Amtsträgers ein Straftatbestand. Korruption ist also im Allgemeinen weder legitim noch legal (Mangel an D2, sowie auch D4).

Auch in notorisch hochkorrupten Ländern ist das Schmieren von bürokratischen Prozessen nicht legitim. Dies kann bis zur Grundsatzentscheidung führen, ob man überhaupt in diesem Land Geschäfte machen will oder nicht. Es gibt einige Beispiele prominenter Unternehmen, die sich aus korrupten Ländern zurückgezogen haben. Das zeigt den Wunsch nach legitimem Handeln (D2), auch öffentlich vertretbar (D4). Eventuell könnte man hier gar von rechtlich politischer Anerkennung (R2) sprechen, die man sich selbst in diesem Fall zuspricht, oder welche abhanden geht, wenn man wie die anderen auch einfach korrumpiert (vgl. Abb. 2.2).

Praxistipps zum Vorgehen

Eine verantwortliche Organisation müsste Korruption immer wieder thematisieren (Schritt 1 und Schritt 5) und ihr energisch begegnen. Geschieht dies nicht oder sind die Führungssignale ambivalent, sind Tür und Tor für „Organismus-zersetzendes" Verhalten offen. Auch für Einzelfälle gibt es keine „saubere" Lösung, ausser aus dem entsprechenden Geschäft auszusteigen oder sich allenfalls im Verbund mit anderen Unternehmen zu outen. Im Sinne

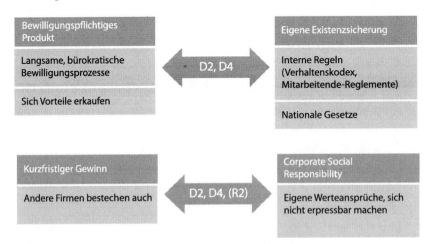

Abb. 2.2 Spannungsfeld „Korruption, Bestechung, Schmiergelder"

2.2 Fallbeispiele zum Bereich „Prinzipien"   43

eines Proxy-Diskurses (D3) und um öffentlich gerade zu stehen entschieden sich japanische Unternehmen im hochkorrupten Bangladesch vor einigen Jahren für folgendes Vorgehen: Jährlich publiziert eine neutrale Stelle (z. B. die Botschaft) einen Bericht „Korruptionszahlungen in Bangladesch", der die gesammelten Daten der angeschlossenen Firmen für einzelne Dienstleistungen auflistet: Zum Beispiel musste für eine neue Telefonleitung eine bestimmte Summe bezahlt werden. Dergestalt wird firmenintern Korruption nicht unter den Tisch gewischt, sondern die Daten werden gesammelt; das Unternehmen übernimmt gegen aussen (D4) eine gewisse Verantwortung.

Korruption wird oft auch delegiert, jedoch nicht offiziell. Z. B. indem ein Vorgesetzter einem Untergebenen zu verstehen gibt, er solle die Bestechungsgelder halt zahlen, aber er wisse dann nichts davon. Oder Zahlungen werden über einen lokalen Agenten abgewickelt. Beides sind keine ethisch korrekten Varianten.

Hintergrund

Korruptionsindizes: Transparency International gibt drei Indizes heraus. Der Corruption Perceptions Index (CPI) klassifiziert die Situation in verschiedenen Ländern bezüglich der von der Zivilbevölkerung wahrgenommenen Korruption. Im Global Corruption Barometer (GCB) wird ersichtlich, welche Institutionen am häufigsten Schmiergeld fordern oder von den Bürgern als am meisten von Korruption betroffen angesehen werden. Der Bribe Payers Index (BPI) misst schliesslich die Angebotsseite der Korruption. Er untersucht, aus welchen führenden Exportländern Unternehmen bereit sind, Bestechungsgelder im Ausland zu bezahlen. Gemäss BPI aus dem Jahr 2011 sind Unternehmen der Schweiz sowie der Niederlanden am wenigsten bereit, Bestechungsgelder zu bezahlen. Auf der Rangliste folgen Belgien, Deutschland und Japan. Die höchste Bestechungsbereitschaft von total 28 analysierten Ländern findet sich in Russland und China (http://www.transparency.ch).

Weiterführende Information
- →Fallbeispiel: 2.2.2. Geschenke & Gefälligkeiten
- Global Integrity – Innovationen für Transparenz und Rechenschaftspflicht. http://www.globalintegrity.org
- Transparency International Schweiz – die Koalition gegen Korruption. http://www.transparency.ch
- Transparency International (Hrsg.). (2010). Checkliste zur Selbstevaluation. Korruptionsprävention und –bekämpfung in kleinen und mittleren Unternehmen. [Broschüre]. Bern.
- Transparency International (TI). (2010). Geschäftsgrundsätze für die Bekämpfung von Korruption. Ausgabe für kleine und mittlere Unternehmen (KMU) [Broschüre]. Bern.
- Stückelberger, Ch. (2003). Global Trade Ethics. An Overview. Genf: WCC Publications.

2.2.2 Geschenke und Gefälligkeiten

Ein edles Olivenöl zu Weihnachten, eine Einladung zum Nachtessen im 5-Sterne-Restaurant, ein Give-Away an der Konferenz: Geschenke und Gefälligkeiten sind im Geschäftsalltag weit verbreitet. Der Umgang damit variiert in verschiedenen Unternehmens- und Landeskulturen stark. Amerikanische Unternehmen fahren hier oft eine Null-Toleranz-Strategie. In Europa hingegen sieht man in kleineren Aufmerksamkeiten kein Problem. Ethische Fragen tauchen da auf, wo aufgrund von Geschenken und Gefälligkeiten eine Befangenheit droht oder die Unternehmensregeln diesbezüglich nicht klar sind.

Fallbeispiel

Kurz nach der Dienstags-Sitzung klingelt Rons Telefon. Ein Lieferant, mit dem er schon seit längerer Zeit zusammenarbeitet, ist am anderen Ende der Leitung. Er lädt Ron und seinen Team-Kollegen „zur Feier der bald 5-jährigen" Zusammenarbeit zu einem Wochenende nach Monaco ein. Er habe noch Tickets für ein Formel-1-Rennen erhalten und dachte, dass ihnen dies gefallen könnte. Natürlich würde Ron vieles dafür geben, live an einem Rennen in Monaco dabei sein zu können. Er weiss aber auch, dass gemäss Compliance-Richtlinie die Annahme eines solchen Geschenkes nicht erlaubt ist. Andererseits war doch sein Chef auch vor ein paar Monaten mit Kunden zum Skifahren in St. Moritz. Zudem hat Ron Angst, den guten Kunden vor den Kopf zu stossen und verstockt zu wirken, würde er mit Verweis auf ihre Compliance-Richtlinien ablehnen. Was soll er tun?

Analyse der Spannungsfelder und Leitideen

Persönliche Geschenke im beruflichen Kontext sind sehr komplex. Allein der Versuch, das Thema grafisch aufzuzeichnen, enthüllt eine grosse Vielschichtigkeit. Die Instrumente der Spannungsfelder und der Leitideen erweisen sich dabei durchaus als hilfreich. Es können drei Ebenen unterschieden werden: eine persönliche, die berufliche und die gesellschaftliche Ebene. Die Ebenen sind allerdings nicht unabhängig, die Unterscheidung ist aber für die Analyse hilfreich. Auf der persönlichen Ebene kann man sich als Mensch ob eines Geschenkes freuen (R1), kommt dabei aber (hoffentlich) in Konflikt mit eigenen Wertvorstellungen, zumindest mit dem Problem, durch Geschenke zunehmend erpressbar und abhängig zu werden (D2) und nicht mehr als freier Mensch agieren zu können (R1). Auf der beruflichen Ebene stehen Richtlinien, Erwartungen an Professionalität und allfällige verwerfliche Vorbilder einander gegenüber (D1, D2). Auf der gesellschaftlichen Ebene wirkt die lokale Kultur möglicherweise erschwerend, falls Geschenke geben und nehmen zum guten Ton gehören (R3). Gleichzeitig ist es eine Tatsache, dass korrupte Praktiken zunehmend bekannt und geahndet werden (D4) (vgl. Abb. 2.3).

Praxistipps zum Vorgehen

So vielschichtig die Analyse, so komplex auch das Vorgehen. Das Wichtigste im Umgang mit Geschenken und Gefälligkeiten ist, diese überhaupt als solche wahrzunehmen und sich die Komplexität zu vergegenwärtigen (Schritt 1). Im betrieblichen Kontext muss dies mit langfristigen Massnahmen (Schritt 5) einhergehen. Compliance Richtlinien alleine reichen nicht; Trainingsprogramme, periodischer Austausch mit Best-Practices (wie machen es andere?) oder mit externen Spezialisten sind empfehlenswert.

Grundsätzlich würde man von Beschenkten erwarten, dass sie die Situation durch kommunikatives Verhalten klären (D1 und D2). Ist dies nicht möglich, weil Vorgesetzte selbst Geschenke annehmen, könnte man eine differenzierte Verantwortung eines Betroffenen erwarten. Dies kann unterstützt werden, falls Hotlines, Compliance Officer oder dergleichen existieren (D4), an welche sich ein Betroffener anonym wenden kann.

2.2 Fallbeispiele zum Bereich „Prinzipien"

Eine interessante Empfehlung, um die verschiedenen Ebenen gezielt anzugehen, liefert Transparency International: Eine Organisation soll ihre entsprechenden Compliance Richtlinien auch auf dem Internet publik macht. Dadurch können Mitarbeitende unterstützt und geschützt werden: Diese können bei Erhalt eines Geschenkes zwar ihrer persönlichen Freude Ausdruck verleihen, gleichzeitig aber auch auf die öffentlich zugängliche Richtlinie verweisen und das Geschenk dankend ablehnen.

Weiterführende Information
- →Fallbeispiel: 2.2.1. Korruption, Bestechung, Schmiergelder
- Global Integrity – Innovationen für Transparenz und Rechenschaftspflicht. http://www.globalintegrity.org
- Transparency International Schweiz – die Koalition gegen Korruption. http://www.transparency.ch

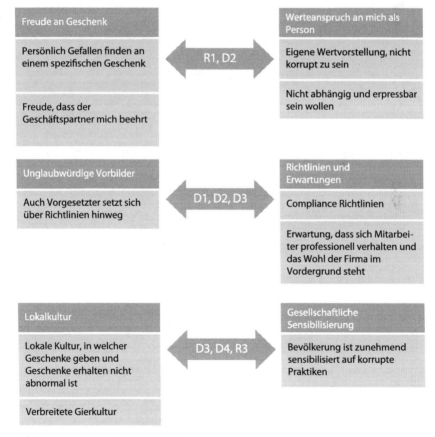

Abb. 2.3 Spannungsfeld „Geschenke und Gefälligkeiten"

2.2.3 Lobbying und Parteienfinanzierung

Der Begriff Lobbying bezeichnet eine Form der Interessenvertretung in der Politik, mit der Interessensgruppen versuchen, meist durch persönliche Kontakte, das Gesetzgebungsverfahren zu beeinflussen (Crane und Matten 2010, S. 504). Die Lobbying-Arbeit wurde für grosse Unternehmen in den vergangenen Jahren immer wichtiger. Das Europäische Parlament schätzt, dass 15.000 Lobbyisten in 2500 Interessensgruppen in Brüssel und Strassburg arbeiten (Europäisches Parlament 2007, S. 3). Ethische Dilemmas entstehen aus der Intransparenz der Beziehungen zwischen Lobbyisten und Politiker/innen sowie aus eventuell daraus resultierenden Gegenleistungen und Geldzahlungen (Crane und Matten 2010, S. 504).

Unter Parteienfinanzierung versteht man die Finanzierung von politischen Parteien. Wegen entsprechender mangelnder Transparenz bei Abstimmungen und in der Parteifinanzierung hat die Antikorruptionsbehörde (GRECO) des Europarates z. B. 2013 die Schweiz als nichtkonformes Land eingestuft.

Fallbeispiel

Kurt ist verantwortlich für Public Relation in seiner Firma. Soeben hat er erfahren, dass in einem halben Jahr die Volksabstimmung stattfinden wird, welche die Weiterführung eines Produktionsverfahrens seines Arbeitgebers verhindern würde. Dass dieses aus Sicht der Umweltbelastung nicht unumstritten ist, begreift er auch, hat sich aber nie dazu geäussert. Nun leitet er das Lobbying-Projekt, welches die Initiative bekämpft. Hierzu wurde ein grosses Sonderbudget freigegeben, womit aber auch ein Teil des Produktionsverfahrens umgestellt werden könnte. Vor der nächsten Teamsitzung trägt Kurt nun konzeptionelle Ideen zusammen: Sollen sie sich auf profilierte Parteien fokussieren oder auch Amtsträger angehen? Wie würden sie diese von ihren Anliegen überzeugen? Sollten sie öffentlich auftreten?

Analyse der Spannungsfelder und Leitideen

Lobbying kann ethische Dilemmas auf verschiedensten Ebenen beinhalten, analog zum früheren Fallbeispiel Korruption. Lobbying gegenüber Amtsinhabern zu betreiben sei eine legitime Aktivität, denn freier Zugang zur Regierung sei eine wichtige Angelegenheit von öffentlichem Interesse. Dies schreibt der kanadische Verhaltenskodex für Lobbyisten (OCL-CAL, online). Der Umgang der kanadischen Regierung mit Lobbying wird als Best-Practice eingestuft. Aber bereits die obige Begründung ist problematisch: Der ins Feld geführte „freie Zugang zur Regierung" ist dann nicht mehr so frei, wenn er prioritär den lauter schreienden oder lobbyierenden Organisationen offen ist. Legales Lobbying im Sinne von „gesetzlich zugelassen" meint noch lange nicht ethisch legitim, z. B. von allen betroffenen Gruppen abgesegnet.

2.2 Fallbeispiele zum Bereich „Prinzipien" 47

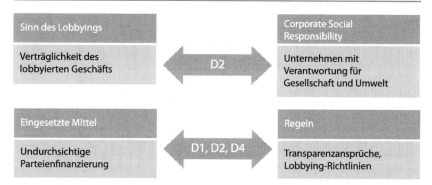

Abb. 2.4 Spannungsfeld „Lobbying und Parteienfinanzierung"

Entsprechende Lobbying-Gesetze und Richtlinien können legale Ansprüche festhalten. Die diskursethischen Leitideen bieten zusätzlich eine differenzierte Handhabe zur Beurteilung der Legitimität von spezifischen Lobbying-Aktivitäten. Das Unternehmen handelt ethisch korrekt, wenn seine Interessenvertretung mit legitimen Mitteln geschieht, also nicht mit Bestechung oder unlauterer Einflussnahme. Zentral dabei ist, dass ein Unternehmen tatsächlich das grundsätzliche Interesse hat (D2), Lobbying nur mit rechtfertigbaren Mitteln und für rechtfertigbare Zwecke einzusetzen. Von einem verantwortungsvollen Unternehmen würde auch erwartet, dass es seine Interessen offenlegt (D4) und allfällige Parteifinanzierungen transparent macht – auch, um auf der anderen Seite nicht zur Bestechung anzuleiten. Eine interne offene und legitimierende Kommunikation (D1 und D2) könnte helfen, Sinn und Verhältnismässigkeit von Lobbying zu prüfen (vgl. Abb. 2.4).

Praxistipps zum Vorgehen

Um Lobbying legitim einzusetzen, muss sich jedermann der Brisanz von Lobbying gewahr werden und dessen Grauzonen und Verhaltenskodizes kennen. Im konkreten Fall hat dies mit Bewusstwerdung zu tun (Schritt 1), langfristig mit der Einführung von Lobbying-Best-Practices oder Richtlinien (Schritt 5).

Wie ethisch reflektiert und legitim eine geplante Lobbying-Aktion ist, könnte eine schonungslose interne Diskussion zeigen. Dabei muss darauf geachtet werden, dass sich alle frei und machtfrei äussern können. Möglicherweise kommen da auch persönlich divergierende Meinungen von Mitarbeitern zu Tage (Schritt 3). Wenn das Unternehmen wirklich interessiert ist, auf ethische und legitime Art zu lobbyieren, nimmt es genau diese Meinungen als wichtige Gradmesser für die Legitimität des geplanten Lobbyings.

Hintergrund

Die Extraction Industry Transparency-Initiative (EITI) stellt ein interessantes Instrument dar, um illegitimes Lobbying zu unterbinden. Dabei verpflichten sich die beteiligten Unternehmen, sämtliche Zahlungen an Länder ihrer Produktionsstätten offenzulegen. Die beteiligten Länder ihrerseits publizieren ihre erhaltenen Zahlungen. Dergestalt können Zahlungsströme verfolgt werden, und der Korruption von lokalen Regierungsangestellten und Amtsträgern wird ein Riegel vorgeschoben.

Weiterführende Information

- →Fallbeispiel: „Persönliche Überzeugungen"
- →Fallbeispiel „Korruption"
- Office of the Commissioner of Lobbying of Canada
  ocl-cal.gc.ca
- Extraction Industry Transparency Initiative (EITI)
  eiti.org

2.2.4 Transparente Produktinformation

Dass der Kunde grundsätzlich das Recht auf wahrheitsgetreue Information über ein Produkt oder eine Dienstleistung hat, wird wohl niemand abstreiten. Auch zahlreiche Gesetze legen dieses Recht auf Information zum Schutz des Kunden fest. Trotzdem ist dieser Bereich sehr anfällig für ethische Dilemmas. Wenn beispielsweise der sachliche Nutzen einer Neuentwicklung nicht ausreicht, um dem Produkt zum Markterfolg zu verhelfen, wird das Produkt mit Fokus auf dessen emotionalen Nutzen vermarktet. Die Frage ist dann, inwiefern die Marketingabteilung mit dieser Vermarktung den Kunden täuscht. Themen wie die Vermarktung des Produktes, Informationen zum Produkt auf der Verpackung, Verkaufstechniken usw. können im Alltag viele ethische Fragen aufwerfen und haben in der Vergangenheit zu einigen grossen Skandalen geführt.

Fallbeispiel

Ein Kunde verlangt in Pias Apotheke ein Medikament, für das in den letzten Wochen viel Werbung gemacht wurde. Das Medikament ist sehr teuer und für die Bedürfnisse des Kunden wären andere Produkte besser geeignet. Pia macht den Kunden darauf aufmerksam, dass evtl. noch andere Medikamente in Frage kommen würden. Der Kunde beharrt jedoch auf diesem einen Produkt. Pia könnte den zusätzlichen Kundenfranken gut gebrauchen, der Kunde jedoch gibt Geld aus für nichts. Soll Pia dem Kunden das teure Medikament verkaufen, obwohl es ihm wahrscheinlich nichts nützen wird?

Analyse der Spannungsfelder und Leitideen

Die Grenze zwischen Lifestyle, Wellness und Medizin ist fliessend geworden. Doch ein Lifestyle-Produkt ist kein Medikament. Die Kunden erwarten bei einem Medikament einen medizinischen, keinen symbolischen Nutzen. Wenn der symbolische Nutzen des Produkts grösser ist als der sachliche, darf das Produkt nicht als medizinisches Produkt verkauft werden. Placebo-Produkte sind eine Täuschung der Kunden. Das Verkaufspersonal hat dem

2.2 Fallbeispiele zum Bereich „Prinzipien"

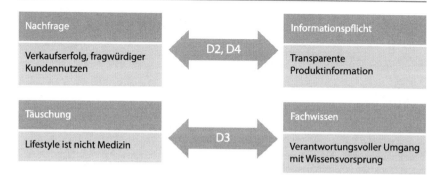

Abb. 2.5 Spannungsfeld „Transparente Produktinformation"

Kunden gegenüber eine Informationspflicht (D2, D4). Das Fachpersonal steht insbesondere durch seinen Wissensvorsprung dem Kunden gegenüber in der Verantwortung (D3) (vgl. Abb. 2.5).

Praxistipps zum Vorgehen

Eine ehrliche und transparente Informationspolitik sollte Grundlage von Marketinganstrengungen sein, besonders im Bereich der Medizin (D1) (Schritt 1). Die Marketingabteilung oder das Verkaufspersonal darf sich nicht zu Täuschungen hinreissen lassen, um den Absatz zu steigern (Schritt 3). Falls es sich bei einem Medikament um ein Lifestyle- oder Wellness-Produkt handelt, sollte es auch als solches vermarktet und verkauft werden (Schritt 4). Dies setzt aber eine andere Positionierung des Produktes voraus (Schritt 5).

Weiterführende Information
- → Fallbeispiel: 2.2.5. Faire Preispolitik
- → Fallbeispiel: 2.3.4. Produktequalität und –sicherheit

2.2.5 Faire Preispolitik

Es liegt in der Natur der Sache, dass die Interessen von Produzenten und Konsumenten in Sachen Preis auseinanderdriften. Probleme entstehen dann, wenn z. B. aufgrund eines Monopols oder eines unumgänglichen Bedürfnisses des Konsumenten nach einem Medikament der Preis durch den Markt nicht automatisch auf ein Gleichgewicht festgesetzt wird. In einem solchen Fall, ist es dem Unternehmen möglich, überrissene Preise zu verlangen. Weiter können aber auch Preisabsprachen oder undurchsichtige Preisversprechungen (vgl. z. B. die riesige Anzahl an

Handyabonnements) gegenüber dem Kunden sowie rücksichtslos tiefe Preisfestsetzungen (Preisdumping) gegenüber dem Konkurrenten ethische Fragen aufwerfen (Crane und Matten 2010, S. 255–359).

Fallbeispiel

Jason ist Verkaufsleiter im Bereich der Medizinaltechnik. Als er vor vier Jahren neu in diese Branche eingestiegen ist, war er überrascht, wie hoch die Margen sind, die dem Kunden verrechnet werden können. Inzwischen hat er sich daran gewöhnt. Margen von 500 % sind keine Seltenheit. Jasons Firma konzipiert ihre Produkte so, dass sie nicht mit den Produkten anderer Hersteller kompatibel sind. Ihre Kunden müssen also bei kaputten Teilen oder Neuanschaffungen zwangsläufig wieder bei ihnen einkaufen. Wenn nachgefragt wird, wie diese hohen Preise zu rechtfertigen sind, wird stets geantwortet, dass der gesamte Gewinn in die Forschung und Entwicklung fliesst. Doch Jason weiss, dass ein grosser Teil davon für Marketing- und Werbezwecke verwendet wird. Manchmal stört es ihn, dass er eine solche Preispolitik vertreten muss und überlegt sich, ob es auch anders ginge.

Analyse der Spannungsfelder und Leitideen

Schwer nachvollziehbare oder öffentlich kaum erklärbare Preismodelle stellen für die Firma selbst wie auch für die Mitarbeitenden ein Dilemma mit zahlreichen ethischen Aspekten dar. Auch von forschungsintensiven Branchen wie der Medizinaltechnik oder der Pharmabranche dürfen sowohl Kunden als auch die Öffentlichkeit Fairness erwarten. Werden solche Erwartungen nicht erfüllt, so steht die Glaubwürdigkeit auf dem Spiel: Die Firma eignet sich einen Ruf von Intransparenz, Abzockerei und Unfairness an – manchmal auch ungerechtfertigt. Gefühlt überhöhte Preise oder unverständliche Gewinnspannen sind ebenfalls mit einem guten Ruf nicht vereinbar; es fehlt der Firma an Legitimation (D2), insbesondere auch am Willen zur Legitimation. Möglicherweise muss die Firma in Vorlauf gehen und proaktiv allfällige Fragen vorweg nehmen (im Sinne eines Proxydiskures – D3) und grundsätzliche Preisüberlegungen möglicherweise via Webseite oder in Preisverhandlungen (öffentlich) zugänglich machen (D4). Dem Ruf, die Kunden über den Tisch zu ziehen, haftet auch der Mangel an, dass Kunden als wichtige Gruppe nicht anerkannt werden (R3).

Mitarbeitende, welche überhöhte Preise gegenüber Kunden „verkaufen" müssen, werden direkt oder indirekt zum systematischen Lügen angehalten (Mangel an D2). Dies kann auch sehr subtil sein, indem alle wissen, dass die Preise eigentlich überhöht sind, dies aber niemand anspricht. Dies ist dann ein grosses ethisches Dilemma, wenn gleichzeitig eine Respektkultur eingefordert wird. Da kann sich ein Mitarbeitender wie z. B. Jason nicht wirklich ernst genommen fühlen (R1); wie soll er dem Unternehmen auch in anderen Dingen vertrauen können? Derartige Situationen sind auch Ausdruck davon, dass Mitarbeitende nicht als wichtig geschätzt werden (R3) (vgl. Abb. 2.6).

2.2 Fallbeispiele zum Bereich „Prinzipien"

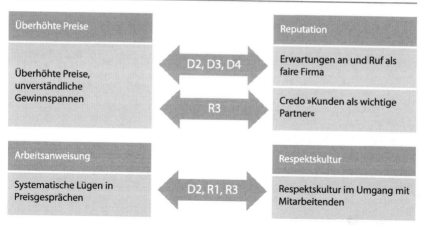

Abb. 2.6 Spannungsfeld „Faire Preispolitik"

Praxistipps zum Vorgehen

Mitarbeitende können nur vorsichtig versuchen, auf diese Dilemmasituation aufmerksam zu machen (Schritt 1, als Ausdruck von D1). Falls nichts geschieht, kündigen ethisch reflektierte Mitarbeitende früher oder später, innerlich oder auch wirklich. Ein Unternehmen ist gut beraten, seine Pricing-Position grundsätzlich so zu entwickeln, dass gefühlt hohe Preise von innen und aussen nachvollziehbar sind (Schritt 5). Damit können Mitarbeitende für den Kundenkontakt entsprechend instruiert werden. Es ist auch nicht abwegig, dass eine Organisation ein Pricing-Positionspapier öffentlich zugänglich macht oder in Benchmarking-Zirkeln zur Diskussion stellt.

Weiterführende Information
- → Fallbeispiel: 2.2.4. Transparente Produkteinformation
- Schweizer Preisüberwacher
  http://www.preisueberwacher.admin.ch
- Stiftung für Konsumentenschutz
  http://www.konsumentenschutz.ch
- Portal der Verbraucherzentralen in Deutschland
  http://www.verbraucherzentrale.de

2.2.6 Diskriminierung bei der Rekrutierung

Mit „Diskriminierung" ist hier ein ethisches Dilemma im Kontext der Rekrutierung neuer Mitarbeitenden angesprochen. Bewerbungskandidaten können bei der Personalauswahl z. B. aufgrund ihres Geschlechts, ihrer Herkunft, ihres Alters oder einer Behinderung diskriminiert werden. Das kann sowohl bewusst als auch unbewusst geschehen. Diskriminierung aufgrund der ethnischen Herkunft oder des Geschlechtes ist rechtlich verboten. Allerdings ist es schwierig, diese Diskriminierung überhaupt festzustellen und die Opfer haben kaum Möglichkeiten, sich zu wehren. Eine weitere Variante unfairer Behandlung von Bewerbungskandidaten ist die Bevorzugung Einzelner aufgrund persönlicher Beziehungen oder Kontakte. Eine professionelle Rekrutierung erfolgt mittels Stellen- und Anforderungsprofilen. Ausschlaggebend für den Entscheid sind dann die fachlichen und persönlichen Kompetenzen der Kandidaten und Kandidatinnen.

Fallbeispiel

Julie ist zuständig für die Rekrutierung von Praktikanten und Praktikantinnen. Die Praktikumsstellen in ihrem Unternehmen gelten als Sprungbrett für eine vielversprechende Karriere. Dementsprechend beliebt sind die raren Plätze. Soeben hat Dario ihr einen Stapel mit neu eingegangenen Bewerbungen gebracht. Zuoberst liegt ein Dossier, mit einer Notiz der Sekretärin des CEO versehen. Dario verdreht ihr gegenüber die Augen. Sie solle sich doch bitte kurz bei ihm melden, steht da drauf. Am Telefon erklärte der CEO Julie, dass der Sohn eines Freundes sich für ein Praktikum bewerbe. Der Vater mache sich Sorgen um seinen Sohn und er sei ihm noch einen Gefallen schuldig. Julie schaut sich das Dossier an und bemerkt, dass der Sohn zwar eine gute Ausbildung hat, aber ansonsten in der Vergangenheit sehr wenig Initiative zeigte. Sie hätte viele andere, bessere Bewerbungen auf ihrem Tisch. Was soll sie tun?

Analyse der Spannungsfelder und Leitideen

Der CEO darf seine hierarchische Position nicht ausnützen, um private Interessen durchzusetzen. Dies ist ein Hinweis auf fehlendes Interesse an legitimem Handeln (D2). Eine professionelle Personalrekrutierung geschieht aufgrund von sachlichen Kriterien. Dabei soll es weder Bevorzugung noch Benachteiligung geben. Eine Diskriminierung ist je nach Motiv ein Verstoss gegen die Leitideen R2 oder R3. Julie soll sich für die Chancengleichheit der Kandidaten und Kandidatinnen einsetzen und beim CEO intervenieren, auch wenn die Chance für einen Erfolg eher klein ist. Dies entspricht einer professionellen Haltung. Die Entscheidungskriterien und die Entscheidung selber sollten grundsätzlich offen gelegt werden können (D4) (vgl. Abb. 2.7).

Praxistipps zum Vorgehen

Die Einmischung des CEOs in den Rekrutierungsprozess ist ein Machtmissbrauch. Zunächst muss es den Beteiligten bewusst werden, dass eine solche Bevorzugung eine indirekte Diskriminierung bedeutet (Schritt 1). Es ist dann die Aufgabe der Personalverantwortlichen, auf einem transparenten Rekrutierungsprozess zu bestehen (Schritt 3). Alles andere wäre mangelnde Professionalität. Die Auswahl unter den Kandidatinnen und Kandidaten soll aufgrund von Stellenprofilen und nachvollziehbaren Kriterien geschehen. Letztlich ist es auch im Interesse des Unternehmens, die besten Mitarbeitenden auszuwählen (Schritt 5).

2.2 Fallbeispiele zum Bereich „Prinzipien"

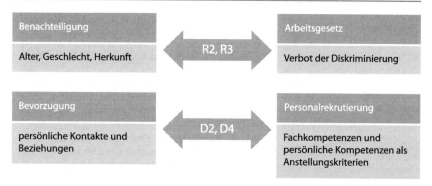

Abb. 2.7 Spannungsfeld „Diskriminierung bei der Rekrutierung"

Hintergrund
Was hierzulande exotisch anmuten mag, ist in anglophonen Ländern bereits die Regel: Der anonyme Lebenslauf. Diese Massnahme wird oft als „die" Antwort auf Diskriminierungen bei der Rekrutierung von Arbeitskräften genannt. Beim anonymen Lebenslauf wird Name, Adresse, Nationalität, Alter und Geschlecht sowie das Foto aus dem Bewerbungsdossier gelöscht. Infolgedessen können die HR-Verantwortlichen nur die Ausbildung/Qualifikation sowie die wichtigsten Erfahrungen für die ausgeschriebene Stelle in der Phase des Screenings der Dossiers berücksichtigen. In Deutschland untersagt ein Gesetz seit dem Jahr 2006 die Angabe von Informationen zu Alter, Geschlecht und ethnischer Herkunft in den Bewerbungsunterlagen. In der Schweiz wurden bisher zwei Versuche unternommen, um den anonymen Lebenslauf einzuführen. Eines der Projekte ist Smart selection. Das Zürcher Projekt konzentriert sich seit dem Jahr 2008 auf den Zugang von Jugendlichen mit Migrationshintergrund zur Berufsausbildung. Vierzig Unternehmen sind darin involviert (FRB und EBGB 2011, S. 31–32).

Weiterführende Information
- → Fallbeispiel: 2.2.7. Gleichberechtigung
- Fachstelle für Rassismusbekämpfung (FRB) & Eidgenössisches Büro für die Gleichstellung von Menschen mit Behinderungen (EBGB) (Hrsg.). (2011). Diskriminierungsbekämpfung bei der Personalrekrutierung. Bern.

2.2.7 Gleichberechtigung

„Alle Menschen sind frei und gleich an Würde und Rechten geboren" heisst es in der Allgemeinen Erklärung der Menschenrechte der UNO (Art. 1) (United Nations, online). Gleichberechtigung bezeichnet also die Gleichheit aller Menschen vor dem Gesetz, unabhängig z. B. von ihrem Geschlecht, ihrer Nationalität, ihrer sexuellen Orientierung oder ihrer Religion. Im betrieblichen Kontext wird mit diesem Begriff aber oft die Gleichstellung von Mann und Frau angesprochen. Seit 1981 enthält die Schweizerische Bundesverfassung eine spezifische Bestimmung zur Gleichberechtigung der Geschlechter: „Mann und Frau sind gleichberechtigt. Das Gesetz sorgt für ihre rechtliche und tatsächliche Gleichstellung, vor allem in Familie, Ausbildung und Arbeit." (EBG 2014). Seit Juli 1996 ist zudem das Gleichstellungsgesetz in Kraft, das jegliche Form der Diskriminierung im Erwerbsbereich verbietet (BFS 2008, S. 4). Trotzdem zeigt die Lohnstatistik, dass Lohnunterschiede zwischen Männern und Frauen immer noch eine Tatsache sind. In einzelnen Branchen haben Frauen das Prinzip gleicher Lohn für gleiche Arbeit auch schon vor Gericht durchgesetzt.

Fallbeispiel

Der Leiter der Entwicklungsabteilung wird pensioniert. An der Kadersitzung ist man sich einig, dass man die Stelle intern besetzen möchte. Es gibt zwei Kandidaten, die für die Nachfolge in Frage kommen: Joris, ein ehrgeiziger 29-jähriger Ingenieur, der vor zwei Jahren in die Firma gewechselt hat, und Inga, eine 33 Jahre alte langjährige wissenschaftliche Mitarbeiterin. Inga geht davon aus, dass sie die Stelle erhalten wird, da sie von allen Mitarbeitenden die meiste Erfahrung hat, kürzlich erfolgreich den MBA abschloss und stets von ihrem direkten Chef gefördert wurde. Kurt, der oberste Chef, tut sich schwer mit dieser Nachfolgeentscheidung. Rein fachlich gesehen wäre Inga seine erste Wahl. Doch während des letzten Meetings hat ein Kollege Kurt gesteckt, dass Inga vor drei Monaten geheiratet hat: „Man weiss ja, was das heisst..." meinte er noch verschwörerisch. Inga ist klar besser qualifiziert für den Job als Abteilungsleiterin als Joris. Doch könnte er es sich nicht leisten, in einem halben Jahr wieder aufs Neue jemanden zu suchen, würde Inga nun bald schwanger werden. Wie soll sich Kurt entscheiden?

Analyse der Spannungsfelder und Leitideen

Wenn ein Unternehmen Interesse an legitimem Handeln hat, darf es keine Benachteiligung aufgrund des Geschlechtes geben (D2). Normalerweise geschieht die Benachteiligung von Frauen nicht offen oder sie wird anders begründet. Denn gemäss Gesetz besteht ein Diskriminierungsverbot (R2). Das Problem liegt wohl häufiger darin, dass weitere Gründe gesucht werden, um bei einer Beförderung ein Schwangerschaftsrisiko zu vermeiden. Umso wichtiger ist es, dass sich Personalverantwortliche dieser Tatsache bewusst sind. Ein Personalentscheid sollte grundsätzlich auch öffentlich vertretbar sein (D4) (vgl. Abb. 2.8).

2.2 Fallbeispiele zum Bereich „Prinzipien" 55

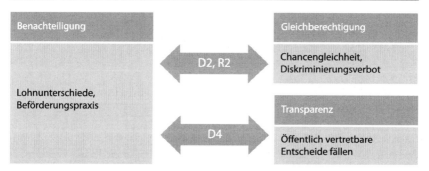

Abb. 2.8 Spannungsfeld „Gleichberechtigung"

Praxistipps zum Vorgehen

Die Grundlage zur Lösung des Dilemmas ist der Wille, nicht zu diskriminieren (Schritt 1). Eine mögliche Schwangerschaft darf kein Grund für die Nicht-Beförderung einer kompetenten Mitarbeiterin sein (Schritt 2 und 3). Es wäre auch falsch nach weiteren Gründen zu suchen, um sie nicht zu befördern. Die Überprüfung der Beförderungspraxis kann verdeckte Benachteiligung sichtbar machen. Im Falle einer Schwangerschaft soll das Unternehmen eine Stellvertretungslösung suchen und organisieren (Schritt 4). Um den Frauenanteil im Kader zu erhöhen sind mittlerweile einige Unternehmen und Behörden dazu übergegangen, Frauen bei gleicher Qualifikation den Vorzug zu geben oder gar Frauenquoten einzuführen. In beiden Fällen ist es wichtig, die Regeln für eine Einstellung offen zu legen.

Hintergrund

Ob die Lohngleichheit – d. h. gleicher Lohn für gleichwertige Arbeit – zwischen Mann und Frau eingehalten wird, können Arbeitgebende mit einer einfachen Standortbestimmung ihrer Lohnpolitik selbst überprüfen. Die Software dazu heisst Logib und wurde vom Eidgenössischen Büro für die Gleichstellung von Frau und Mann (EBG) entwickelt. Logib ist geeignet für Unternehmen mit mindestens 20 Mitarbeitenden. Grundlage für die Berechnung sind Qualifikations-, Lohn- und Arbeitsplatzdaten der Mitarbeitenden. Auf der folgenden Homepage des EBG kann die Software und eine genauere Beschreibung gratis heruntergeladen werden: http://www.logib.ch (EBG 2011, S. 3).

Weiterführende Information

- → Fallbeispiel: 2.2.6. Diskriminierung bei der Rekrutierung
- → Fallbeispiel: 2.4.8. Sexuelle Belästigung
- → Fallbeispiel: 2.4.7. Mobbing
- Eidgenössisches Büro für die Gleichstellung von Frau und Mann (EBG) http://www.ebg.admin.ch
- Schweizerische Konferenz der Gleichstellungsbeauftragten http://www.equality.ch/d/fachstellen.htm
- Fachstelle UND – Familien- und erwerbsarbeit für Männer und Frauen http://www.und-online.ch

- Bundesministerium für Familien, Senioren, Frauen und Jugend. Gleichstellung
  http://www.bmfsfj.de/BMFSFJ/gleichstellung.html
- Corporate Social Responsibility in Deutschland
  http://www.csr-in-deutschland.de

2.2.8 Religiosität am Arbeitsplatz

Muslime, die fünf Mal am Tag in Richtung Mekka beten, Christen, die fasten, Christlich Orthodoxe, die ihre Feiertage an einem anderen Datum feiern, Juden, die am Samstag keine Überstunden machen wollen – die Religion von Mitarbeitenden betrifft in vielfacher Form den Arbeitsalltag in Unternehmen. Nicht nur in international tätigen Unternehmen können sich dadurch vielerlei ethische Fragen ergeben. Religionsfreiheit ist zwar ein Grundrecht; für die Ausübung von religiösen Praktiken an der Arbeitsstelle ist aber das Wohlwollen des Arbeitgebers nötig. Zudem können gewisse religiöse Praktiken auch für Irritationen unter Andersgläubigen sorgen. Es ist im Interesse aller Unternehmen, wenn Menschen mit unterschiedlichen Konfessionen am Arbeitsplatz friedlich zusammenarbeiten und sich gegenseitig wertschätzen.

Fallbeispiel

Susanna arbeitet in einem grossen internationalen Finanzunternehmen als Leiterin der Personalabteilung. Das Unternehmen beschäftigt Mitarbeitende aus der ganzen Welt und rühmt sich seiner toleranten, offenen und weltbürgerlichen Kultur. Vor zwei Tagen hat eine Gruppe von vier Mitarbeitenden sie angefragt, ob es nicht möglich wäre, ihnen einen ruhigen Raum für ihre fünf täglichen Gebete zur Verfügung zu stellen. Susanna ist sich nicht sicher, wie sie mit der Anfrage umgehen soll. Selbstverständlich sollen verschiedene Religionen in ihrem internationalen Unternehmen gelebt werden können. Andererseits hat sie Angst, Mitarbeitende anderer Religionszugehörigkeit vor den Kopf zu stossen, wenn sie den vier Muslimen für ihre Gebete einen Raum zur Verfügung stellt. Was soll Susanna tun?

Analyse der Spannungsfelder und Leitideen

Religiosität ist ein sehr persönliches Anliegen vieler Menschen und niemand darf aufgrund seiner Konfession diskriminiert werden (R2). Ein eigener Raum für religiöse Praktiken an der Arbeitsstelle ist sicher ein besonderes Zeichen der sozialen Wertschätzung (R3). Die Realisierung eines solchen Gebetsraumes ist deshalb begrüssenswert und der Raum kann das gegenseitige Verständnis zwischen den Kulturen fördern (D1). Allerdings darf er nicht

2.3 Fallbeispiele zum Bereich „Prozesse"

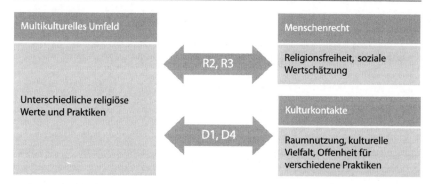

Abb. 2.9 Spannungsfeld „Religiosität am Arbeitsplatz"

zu zusätzlichen Diskriminierungen führen, sondern sollte verschiedenen Konfessionen und deren religiösen Praktiken offen stehen (D4). Hier wird auch gegenseitige Toleranz unter den Religionen verlangt (vgl. Abb. 2.9).

Praxistipps zum Vorgehen
Zunächst sollten die Bedürfnisse der Interessierten abgeklärt werden (Schritt 1). Sofern ein geeigneter Raum zur Verfügung steht, sollte er für die Ausübung verschiedener religiöser Praktiken und Konfessionen offen stehen (Schritt 3). Dazu sollten unter Mitarbeit der Interessierten die Nutzungsregeln ausformuliert werden, so dass sich die Konfessionen nicht gegenseitig stören. Ein solcher Gebetsraum kann zu einem Ort des Kulturkontakts und des friedlichen Zusammenlebens von Menschen unterschiedlicher Konfessionen werden (Schritt 5).

Weiterführende Information
- Charta der Vielfalt
  http://www.vielfalt-als-chance.de
- Lüthi, E. & Oberpriller, H. (2009). Teamentwicklung mit Diversity Management. Methoden-Übungen und Tools. Bern: Haupt.

2.3 Fallbeispiele zum Bereich „Prozesse"

2.3.1 Zulieferkette

Auch in einer komplexen, globalen Wirtschaft trägt ein Unternehmen Verantwortung dafür, woher Produkte und Komponenten kommen und wie diese hergestellt werden. Die Zulieferkette (Supply Chain) sollte nach ethisch reflektierten Kriterien zusammengestellt werden – sie wird damit wichtiger Bestandteil integrer Unternehmensführung (Maak & Ulrich 2007, S. 268). Bei der Stakeholderanalyse eines Unternehmens sind nicht nur die strategischen Anspruchsgruppen zu identifizieren, die einen Einfluss auf das Unternehmen haben. Dieses trägt auch eine Mitverantwortung für sogenannt normative Anspruchsgruppen, die zwar keinen Einfluss, aber trotzdem legitime Ansprüche an das Unternehmen haben. Dazu gehören beispielsweise Mitarbeitende in Zulieferbetrieben in Entwicklungsländern: die Achtung der Menschenwürde, sichere und gesunde Arbeitsbedingungen, existenzsichernder Lohn, sanitäre Einrichtungen, gerechte Erholungszeiten resp. Ferien. International agierende Unternehmen haben deshalb die Pflicht, ihre Zulieferkette zu kontrollieren, Zulieferer über ethische Anforderungen zu informieren, allenfalls zu sanktionieren oder nicht konforme Zulieferer zu wechseln.

> **Fallbeispiel**
>
> Barbara ist seit sieben Jahren im Einkauf eines grossen Industrieunternehmens tätig. In den letzten Jahren hat der Konkurrenzkampf in der Branche stark zugenommen. Jeder versucht, noch günstiger zu produzieren als der andere. Vor drei Monaten wurde Barbara zur Chefin Einkauf ernannt. Nun liegt es an ihr, zu entscheiden, ob die elektronischen Komponenten aus China eingekauft werden oder ob man sich für den inländischen, aber teureren Lieferanten entscheidet. Sie weiss um die schlechten Arbeitsbedingungen bei ihrem Zulieferer in China und möchte diese „Sklavenhaltung", wie sie es nennt, auf keinen Fall unterstützen. Anderseits ist sie sich bewusst, dass sie auf gute Preise im Einkauf angewiesen ist, um später im harten Preiskampf bestehen zu können. Wie soll sie sich entscheiden?

Analyse der Spannungsfelder und Leitideen

Die Zulieferkette gehört zum Verantwortungsbereich eines Unternehmens. Wenn es Interesse an legitimem Handeln hat, muss es seinen Verantwortungsbereich auf die Zulieferkette ausdehnen (D2). Auch wenn die Mitarbeitenden nicht direkt Angestellte des Unternehmens sind, beeinflusst es durch Preisgestaltung und Anforderungen an Sicherheit und Gesundheit die Lebensbedingungen der Mitarbeitenden der Zulieferbetriebe. Menschenrechte gelten unabhängig von der Herkunft, Nationalität, Geschlecht oder Alter der Mitarbeitenden. Die Firma darf deshalb nicht von Verstössen gegen Menschenrechte oder Arbeitsrechte ihrer Zulieferer profitieren und muss die Respektierung der Menschenrechte auch in der Zulieferkette verlangen und durchsetzen (R2) (vgl. Abb. 2.10).

Fährt eine Firma eine Billiglohnstrategie, nimmt sie allfällige schlechte Arbeitsbedingungen aus Billiglohnländern in Kauf. Dies kann im Konflikt stehen mit einem Mission Statement oder Werterahmen, in welchem sich die Firma explizit zu sozialer Verantwortung bekennt, oder mit der öffentlichen Erwartung an verantwortliche Unternehmensführung und nicht zu überschreitende Grenzen im Konkurrenzkampf.

2.3 Fallbeispiele zum Bereich „Prozesse"

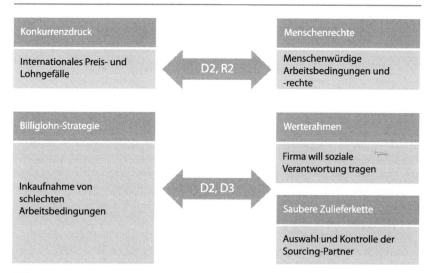

Abb. 2.10 Spannungsfeld „Zulieferkette"

Praxistipps zum Vorgehen

Das Unternehmen müsste sich proaktiv mit diesem Spannungsfeld auseinandersetzen (Schritt 1). Ansonsten entsteht der Eindruck, dass man nicht hinschauen und damit die eigenen Absichten legitimieren will (D2); man will auch keine Verantwortung übernehmen (D3). Bei ethischen Problemen in der Zulieferkette müssen sich Entscheidungsträger als erstes über die Verletzungen informieren und diese beurteilen (Schritt 2 und 3). Zusätzlich sollten sie auch Reputationsrisiken abschätzen. Als Massnahme kann eine Firma Beschaffungsrichtlinien erstellen, die ethische Zusatzkriterien bei der Beschaffung festlegen (Schritt 4). Als nächstes sollte sie die verschiedenen Stakeholder wie Zulieferer, Mitarbeitende oder Kunden über die Beschaffungsrichtlinien informieren und diese auch durchsetzen. Eventuell brauchen die Zulieferbetriebe bei der Umsetzung der Richtlinien Unterstützung in der Form von Schulung und Anleitung. Bei besonders kritischen Produkten und Komponenten ist auch ein firmeninternes, ethisches Controlling sinnvoll. Längerfristig kann sich ein integres Unternehmen auch für die Entwicklung von Branchenstandards engagieren (Schritt 5).

Weiterführende Information

- → Fallbeispiel: 2.2.5. Faire Preispolitik
- → Fallbeispiel: 2.4.1. Persönliche Überzeugungen
- AccountAbility
  http://www.accountability.org
- Fair Labour Association (FLA)
  http://www.fairlabor.org
- International Labour Organization (ILO)
  http://www.ilo.org
- United Nations: Global Compact
  http://www.unglobalcompact.org

2.3.2 Umstrittene Aufträge

Auftrag ist Auftrag! Gilt das immer? Ein Kunde oder ein Auftrag kann aus politischen, ökologischen, sozialen oder kulturellen Gründen umstritten sein. Produkte und Dienstleistungen können einen negativen Einfluss auf Umwelt und Gesellschaft haben: unverhältnismässige Staudämme, Atomkraftwerke, Windanlagen in Wohngebieten, Rohstoffminen, Agrobusiness etc. In einzelnen Bereichen existieren entsprechend rigorose Vorgaben oder internationale Vereinbarungen: Für grosse Infrastrukturprojekte wie Staudämme oder Rohstoffminen müssen sogenannte „Human Rights Impact Assessments" durchgeführt werden. Die Praxis zeigt, dass dies unterschiedlich ernsthaft angegangen wird. Mit gewissen Ländern, z. B. Nordkorea, kann entsprechend internationaler Sanktionen nur begrenzt gewirtschaftet werden.

Die Entscheidung, ob ein umstrittener Auftrag angenommen oder mit einem umstrittenen Kunden zusammengearbeitet wird, kann vielerlei ethische Fragen aufwerfen. Das Zünglein an der Waage ist die Frage, wie intensiv ein Unternehmen seine Tätigkeit ethisch reflektiert und sich z. B. mit Sozial- und Umweltverträglichkeit auseinandergesetzt hat.

Fallbeispiel

Pavels Unternehmen produziert Turbinen für Staudämme. Vor einiger Zeit wurde er angefragt, ob er an einem Projektmandat für das riesige Staudamm-Projekt in Usbekistan Interesse hätte. Das Projekt ist politisch sehr umstritten: Der Einstau mehrerer Täler könnte wichtiges kulturelles Erbe zerstören, was von mehreren NGOs vehement kritisiert wird. Für Pavels Unternehmen wäre jedoch ein Auftrag in dieser Grössenordnung sehr wichtig. Das Geschäft lief schlecht in letzter Zeit und Pavel hatte schon befürchtet, Mitarbeitende entlassen zu müssen. Die Zerstörung des Kulturerbes tut ihm leid, aber schliesslich ist es bei solchen Aufträgen immer dasselbe: „Nehmen wir den Auftrag nicht an, tut das ein Anderer!" Soll Pavel den Auftrag annehmen oder besser ablehnen?

Analyse der Spannungsfelder und Leitideen

Es wird davon ausgegangen, dass es sich nicht um ein grundsätzlich umstrittenes Produkt handelt (wie z. B. Personenminen). Existieren in einer Turbinenproduktion keine klaren Vorgaben seitens der Führung, wie sie sozialen und ökologischen Ansprüchen gerecht werden will, so kann nicht von einer legitimen Produkterstellung gesprochen werden (Mangel an D2 bezüglich Ansprüchen aus CSR-Sicht). Manchmal ist auch die Grenze zum Illegalen nahe, insbesondere wenn internationale Gesetzesunterschiede ausgenutzt werden.

Auf der spezifischen Ebene mangelt es primär am Willen, die Legitimität des Projektes auszuloten und sicherzustellen (D2). Eigentlich erkennt das Unternehmen die Ansprüche

2.3 Fallbeispiele zum Bereich „Prozesse"   61

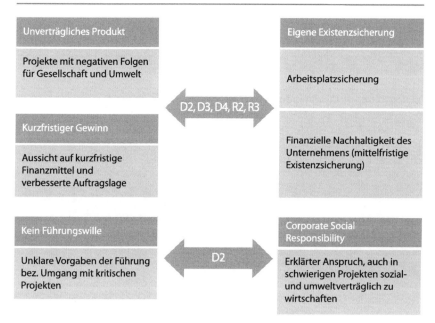

Abb. 2.11 Spannungsfeld „Umstrittene Aufträge"

von beeinträchtigten Gemeinschaften oder der Umwelt (Mangel an R2 und R3) nicht an. Eine öffentliche Auseinandersetzung – im Sinne eines Multistakeholder-Dialogs oder mit entsprechenden Quasi-Diskursen (D3 und D4) – sucht man im Fallbeispiel vergeblich (vgl. Abb. 2.11).

Praxistipps zum Vorgehen

Die Frage, ob ein umstrittener Auftrag angenommen werden soll oder nicht, ist wohl keine einmalige, auftragsspezifische Frage, sondern wiederholt sich in einem entsprechenden Unternehmen immer wieder. Zwar muss der Einzelfall gelöst werden, aber es geht eigentlich um die Grundsatzfrage. Dies entspricht dem Schritt 5 im Ablaufschema (Massnahmen für langfristige Lösungen). Fragen von Umwelt- und Sozialverträglichkeit sollten primär und aus normativer Perspektive gelöst werden.

Im konkreten Einzelfall muss das Unternehmen unter anderem selbst den Kontext beurteilen und sich ein Bild dazu machen. Hierzu braucht es wahrscheinlich den Kontakt und einen Dialog mit verschiedenen Interessegruppen (Schritt 2, im Sinne eines Multistakeholder-Dialogs). Je mehr dies auch öffentlich und transparent gemacht wird (im Sinne eines Public Binding), desto höher die Glaubwürdigkeit des Unternehmens. Möglicherweise entscheidet sich dieses für begleitende Massnahmen zur Minimierung negativer Auswirkungen – und je ernstgemeinter, desto legitimer das Projekt. Eine gezielte öffentliche Berichterstattung kann auch sehr sinnvoll sein.

Aus Sicht globaler Gerechtigkeit stellt sich v. a. in Grösstprojekten letztlich die Frage, unter welchen Umständen es legitim ist, eigene Arbeitsplätze zu erhalten und gleichzeitig die Erwerbsgrundlagen von Hunderten anderer Personen zu beeinträchtigen.

Hintergrund

Ein aktuelles Beispiel eines umstrittenen Projekts ist die geplante Ausbeutung einer Kupfermine in Tampakan, Philippinen, durch Glencore Xstrata. Bei Auseinandersetzungen im Vorfeld waren sogar Todesopfer zu beklagen (http://www.fastenopfer.ch/tampakan).

Weiterführende Information
- → Fallbeispiel: 2.4.1. Persönliche Überzeugungen
- Business Social Compliance Initiative
  http://www.bsci-eu.org
- Global Reporting Iniative (GRI)
  http://www.globalreporting.org

2.3.3 Auftragsvergabe: das billigste Angebot

Heutzutage werden Aufträge oft basierend auf einer Ausschreibung vergeben. So unterliegen Aufträge, die von der öffentlichen Hand vergeben werden, zumeist Submissionsgesetzen. Die Aufträge müssen ausgeschrieben und nach bestimmten Kriterien vergeben werden. Bei derartigen Submissionskriterien, wie auch bei privaten Ausschreibungen, stellt sich die Frage, welches die „richtigen" Kriterien zur Auftragsvergabe sind. Insbesondere fragt sich, ob der Preis als einziges Kriterium gerechtfertigt ist oder ob noch andere Kriterien zum Tragen kommen sollten.

Fallbeispiel

Luca ist Maschinenbau-Ingenieur. Das Unternehmen, in dem er tätig ist, hat sich am letzten Strategie-Workshop einmal mehr für nachhaltiges Wirtschaften ausgesprochen. Dies möchte Luca eigentlich auch bei der Planung seiner Projekte berücksichtigen. Doch die Kriterien, die bei der Projektvergabe durch private oder öffentliche Hand zum Tragen kommen, lassen das nicht zu. Wenn er inländische Komponenten für seine Projekte verwendet, werden sie zu teuer und können bei der Auftragsvergabe nicht gegenüber den Projekten der Konkurrenz bestehen. Als Kriterium bei der Projektvergabe zählt oft nur der Preis. Andere Kriterien, z. B. wie nachhaltig ein Projekt ist, werden nicht berücksichtigt. Seit Luca diese Erfahrung gemacht hat, lächelt er nur noch zynisch, wenn wieder einmal das Thema Nachhaltigkeit in seinem Unternehmen zur Sprache kommt. „Alles leere Worte", denkt er. Was soll Luca tun?

Analyse der Spannungsfelder und Leitideen

Nachhaltigkeit ist zum Modewort geworden, welches in kaum einem Geschäftsbericht fehlt. Die drei Aspekte ökonomisch, ökologisch und sozial haben sich als Dimensionen von Nach-

2.3 Fallbeispiele zum Bereich „Prozesse"

Abb. 2.12 Spannungsfeld „Auftragsvergabe: das billigste Angebot"

haltigkeit grundsätzlich durchgesetzt, allerdings ist die Konkretisierung trotz entsprechender Vorschläge und Standards noch sehr dispers. Höchstwahrscheinlich bestehen auch innerhalb eines Unternehmens divergierende Vorstellungen, wie Nachhaltigkeit zu verstehen ist. Ein Unternehmen tut gut daran, sich mit dem Begriff und dessen Bedeutung für den eigenen Kontext bewusst auseinanderzusetzen (D1). Möglicherweise müssen dann auch gewisse Prozesse anpasst werden, um langfristigen Perspektiven, ökologischen und sozialen Anliegen gerecht zu werden (D2). Eine Vorgabe, sich konsequent für das billigste Angebot zu entscheiden, ist mit nachhaltigem Wirtschaften nicht vereinbar: In diesem Fall kann das Handeln aus Sicht der Nachhaltigkeit, insbesondere bezüglich ökologischer und sozialer Interessen, nicht als legitim bezeichnet werden (Mangel an D2).

Nimmt man Nachhaltigkeit ernst, kann und will man möglicherweise nicht mehr jeden Auftrag verfolgen; eine interne Nachhaltigkeitsdebatte festigt gleichzeitig eine schlagkräftigere Organisation, wo Vorstellung und Handlung nicht in zynischer Weise auseinanderdriften (vgl. Abb. 2.12).

Praxistipps zum Vorgehen

Eine strategische Vorgabe, nachhaltig zu wirtschaften, und operative Prozesskriterien wie Auswahlkriterien in einem Beschaffungsprozess sind auf völlig verschiedenen Verantwortungsebenen angesiedelt. Es ist somit gut möglich, dass man von einer allfälligen Diskrepanz nichts weiss, es sei denn die Geschäftsführung hat entsprechende Vorgaben gemacht, alle Prozesse und Kriterien auf Strategiekonformität zu überprüfen. Wahrscheinlicher ist es, dass die Problematik „von unten" aufgegriffen wird (im Sinne von D1). Nun kommt es darauf an, ob der Führungswille wirklich existiert (Schritt 1), derartige Dilemmas (nachhaltige Strategie vs. eindimensionale Vergabekriterien) aufzugreifen und bewusst und in breiter Diskussion Lösungen zu erarbeiten.

Ob man eine Billig-Strategie oder eine differenziertere Strategie wählt, ist aus betriebswirtschaftlicher Sicht eine Grundsatzentscheidung. Aus wirtschaftsethischer Sicht ist es dann fundamental, die Konsequenzen auszudiskutieren und in der längerfristigen Positionierung zu verankern (Schritt 5).

Weiterführende Information
- → Fallbeispiel: 2.3.1 Zulieferkette
- Informationssystem über das öffentliche Beschaffungswesen in der Schweiz
  http://www.simap.ch
- Corporate Social Responsibility in Deutschland
  http://www.csr-in-deutschland.de
- Renz, P. & Böhrer, N. (2012). Niederlassungen führen. Mit Subsidiary Governance zum Erfolg. Berlin Heidelberg: Springer Gabler.

2.3.4 Produktequalität und -sicherheit

Natürlich soll ein neues technisches Produkt möglichst qualitativ hochstehend und sicher sein. Auf der anderen Seite soll die Entwicklung und Produktion des Produkts möglichst wenig kosten. Um den Konsumenten zu schützen, wurden Gesetze geschaffen, welche die Entwicklung, die Produktion, den Verkauf, den Gebrauch und die Entsorgung regeln. Trotzdem können in diesem Spannungsfeld viele ethische Fragen auftauchen. Die Risikobeurteilung für ein neues Produkt beruht normalerweise auf zwei Faktoren: dem Schadensausmass und der Eintrittswahrscheinlichkeit. Diesem Risiko wird dann der Aufwand gegenübergestellt, das Risiko zu beheben oder zu mildern. Dass technische Massnahmen zur Verhinderung von Unfällen unumgänglich sind, ist unbestritten – dass sie sehr teuer sein können, aber ebenso. Fachpersonen tragen hier eine spezielle ethische Verantwortung, weil sie am besten die bestehenden Sicherheitsrisiken einschätzen können.

Fallbeispiel

Evas Job ist eine Gratwanderung. Sie ist Projektleiterin in der Entwicklung von Software, die Autofahrer und -fahrerinnen beim Lenken ihres Fahrzeuges unterstützen soll. Als Softwareentwicklerin weiss sie, dass kaum eine Software fehlerfrei ist. Als Projektleiterin weiss sie aber auch, dass das Testen der Software viel Zeit und Geld verschlingt. Von der Qualität der Software hängt es aber letztlich ab, ob das ganze System sicher ist. Ein Versagen könnte zu tödlichen Unfällen führen. Durch modulares und iteratives Testen versucht sie, das Fehlerrisiko möglichst gering zu halten. Trotzdem wird es immer ein Restrisiko geben und die Frage bleibt, ob man überhaupt mit der Wahrscheinlichkeit von schweren Unfällen rechnen darf.

Analyse der Spannungsfelder und Leitideen

Die Gesundheit von Menschen ist eines der höchsten Güter; Produkte in sicherheitskritischen Bereichen müssen mit besonderer Sorgfalt hergestellt werden. Häufig wird die Grösse des Risikos aus dem Schadensausmass und der Eintrittswahrscheinlichkeit berechnet. Die Quantifizierung von menschlichem Leid erscheint hier fast zynisch. Auch ist damit noch nichts über die Verteilung des Risikos und des Schadens ausgesagt. Profite zu privatisieren und Risiken zu sozialisieren ist auf jeden Fall keine ethische Grundhaltung (D2). Die Gewinne von Unternehmen stehen unter Legitimitätsvorbehalt: Die Sicherheit und Gesundheit gehen vor (R2) (Schritt 3). Fachpersonen tragen bei sicherheitskritischen Produkten und Anwendungen eine besondere Verantwortung, da sie als Experten einen Wissensvorsprung besitzen und Risiken genauer einschätzen können (D3). Wenn Unternehmen mit ihren Produkten Risiken eingehen, müssten diese auch öffentlich vertretbar sein. Den Medien kommt hier als kritische Öffentlichkeit eine wichtige Funktion zu (D4) (vgl. Abb. 2.13).

2.3 Fallbeispiele zum Bereich „Prozesse"

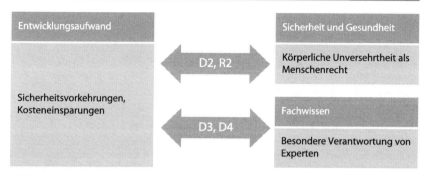

Abb. 2.13 Spannungsfeld „Produktequalität und -sicherheit"

Praxistipps zum Vorgehen

Der erste Schritt in Richtung Produktqualität und Produktsicherheit besteht im bewussten Umgang mit den Risiken, die mit einem Produkt verbunden sind (Schritt 1). Für die Einschätzung des Risikos ist das Fachwissen von Experten notwendig. Die einfache Berechnung des Risikos aus Schadensausmass und Eintrittswahrscheinlichkeit ist abhängig von der Einschätzung dieser beiden Faktoren. Auch wenn ein Unternehmen ein professionelles Risikomanagement eingerichtet hat, bleiben Einzelpersonen für ihre Entscheide persönlich verantwortlich. Dies betonen mehrere Ethik-Codizes von Ingenieursverbänden (Schritt 3). Es bleibt ihrem Gewissen überlassen, ob sie beispielsweise bei unverantwortlichen Produktionsvorgaben diese umsetzen, ignorieren oder übergeordnete Stellen resp. gar die Öffentlichkeit informieren. Unternehmen, die sicherheitsrelevante Produkte herstellen, benötigen auf jeden Fall ein professionelles Risikomanagement, das Sicherheitsvorgaben in Produktionsprozesse implementiert (Schritt 5).

Hintergrund

Der Verein Deutscher Ingenieure (VDI) führt in seinem Werk „Ethische Grundsätze des Ingenieurberufs" (2002) folgendes aus:
Ingenieurinnen und Ingenieure
- verantworten allein oder mitverantwortlich die Folgen ihrer beruflichen Arbeit sowie die sorgfältige Wahrnehmung ihrer spezifischen Pflichten.
- bekennen sich zu ihrer Bringpflicht für sinnvolle technische Erfindungen und nachhaltige Lösungen.
- sind sich der Zusammenhänge technischer, gesellschaftlicher, ökonomischer und ökologischer Systeme und deren Wirkung in der Zukunft bewusst.
- vermeiden Handlungsfolgen, die zu Sachzwängen und zur Einschränkung selbstverantwortlichen Handelns führen.
- orientieren sich an den Grundsätzen allgemein moralischer Verantwortung und achten das Arbeits-, Umwelt- und Technikrecht.
- ...

Weiterführende Information
- → Fallbeispiel: 2.2.4. Transparente Produktinformation
- → Fallbeispiel: 2.4.3. Whistleblowing
- Rapid Alert System for non-food dangerous products (Rapex) ec.europa.eu/consumers/safety/rapex
- Stiftung für Konsumentenschutz http://www.konsumentenschutz.ch
- Portal der Verbraucherzentralen in Deutschland http://www.verbraucherzentrale.de
- Deutsches Netzwerk Wirtschaftsethik http://www.dnwe.de

2.3.5 Gesundheit und Sicherheit am Arbeitsplatz

Ungünstige Arbeitsbedingungen, ob organisatorischer, ergonomischer, physikalischer, biologischer oder chemischer Art, können gesundheitliche Beschwerden hervorrufen. Gute Arbeitsbedingungen hingegen schaffen physisches und psychisches Wohlbefinden und steigern die Motivation und die Arbeitsleistung (SECO a, online). Ethische Dilemmas tauchen dann auf, wenn ein Unternehmen zu wenig für die Gesundheit und Sicherheit am Arbeitsplatz tut oder wenn Massnahmen durch Kosten-Nutzen-Überlegungen zurückgestellt werden. Rechtlich ist die Situation allerdings klar: Der Arbeitgeber ist für die Gesundheit und Sicherheit am Arbeitsplatz verantwortlich. Gesundheit ist ein Menschenrecht und Menschenrechte sind nicht verhandelbar. Deshalb ist die Gesundheit und Sicherheit von Mitarbeitenden auch Bestandteil von internationalen Arbeitsnormen. Gemäss der International Labour Organization (ILO) sterben weltweit täglich 6300 Menschen aufgrund eines Arbeitsunfalles oder einer arbeitsbedingten Krankheit (ILO 2014).

Fallbeispiel

Magnus ist Produktionsleiter in einem kleinen Industrieunternehmen. Heute Morgen ist er vom CEO gebeten worden, ein neues Produktionsverfahren, das die Konkurrenz schon vor einigen Jahren eingeführt hat, für den Einsatz in ihrer Firma zu prüfen. In Magnus' Produktionskette werden Stahlprodukte hergestellt. Als Legierungselement wird Blei eingesetzt, welches als toxisches Element gilt. Magnus macht sich schon seit Längerem Sorgen, ob die Sicherheitsvorkehrungen für die Mitarbeitenden in der Produktion ausreichend sind. Schliesslich hantieren sie tagtäglich mit dem giftigen Blei. Das neue Produktionsverfahren würde diesen Kontakt im Legierungsverfahren auf ein Minimum reduzieren. Aber die dazu benötigten Geräte sind sehr teuer und der momentane Markt für Stahlprodukte nicht der beste. „Bisher ging es ja auch gut", denkt er sich und rät dem CEO mit ungutem Gefühl von der teuren Investition ab.

2.3 Fallbeispiele zum Bereich „Prozesse"

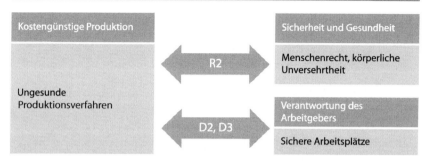

Abb. 2.14 Spannungsfeld „Gesundheit und Sicherheit am Arbeitsplatz"

Analyse der Spannungsfelder und Leitideen

Die Gesundheit von Menschen ist eines der höchsten Güter und ausdrücklich in der Erklärung der Menschenrechte erwähnt (R2). Der Arbeitgeber trägt Verantwortung für die Gesundheit und Sicherheit der Mitarbeitenden am Arbeitsplatz, da diese die Produktionsverfahren nicht selber wählen können (D3). Er muss deshalb die Produktionsverfahren nach bestem Wissen und Gewissen einrichten, um die Gesundheit der Arbeitsnehmenden zu schützen, auch wenn dadurch höhere Kosten entstehen. Es gehört zu den Aufgaben von Unternehmen, Gewinn zu machen, allerdings stehen die Aufgaben unter einem Legitimitätsvorbehalt (D2). Bei Güterabwägung gehen die pflichtenethischen Ansprüche, wie der Schutz der Gesundheit, vor. Erst dann dürfen folgenethische Überlegungen wie Nützlichkeit und Kosten in Rechnung gestellt werden (vgl. Abb. 2.14).

Praxistipps zum Vorgehen

Die Mitarbeitenden in der Produktion zählen zu den wichtigsten Anspruchsgruppen eines Unternehmens. Wenn Unternehmen ihre Verantwortung professionell wahrnehmen, ermitteln sie regelmässig mögliche Gefahrenpotentiale für ihre Anspruchsgruppen (Schritt 1). Sobald der Arbeitgeber von gefährlichen Arbeitsbedingungen Kenntnis hat, muss er handeln. Wenn die Gefahr nicht beseitigt werden kann, muss er die Arbeitnehmenden über die Gefahren informieren (Schritt 3). Haben Arbeitsnehmende durch gefährliche Produktionsverfahren körperliche Schäden erlitten, so müssen sie dafür entschädigt werden. Wenn technische Alternativen zu gefährlichen Produktionsverfahren existieren, so ist der Arbeitgeber dazu verpflichtet, diese auch einzusetzen (Schritt 4).

Hintergrund

„Friendly Work Space®" ist ein Qualitätslabel der Gesundheitsförderung Schweiz. Es zeichnet Unternehmen aus, welche Massnahmen zur Optimierung der betrieblichen Rahmenbedingungen erfolgreich umsetzen und betriebliches Gesundheitsmanagement als Bestandteil des Unternehmensmanagements betrachten. Die Labelvergabe erfolgt aufgrund von Qualitätskriterien, die von führenden Schweizer Unternehmen zusammen mit der Gesundheitsförderung Schweiz entwickelt wurden. Ein Selbsttest sowie mehr Information zum Label und zum konkreten Vorgehen sind auf der Homepage der Gesundheitsförderung Schweiz zu finden (http://www.gesundheitsfoerderung.ch).

Weiterführende Information
- → Fallbeispiel: 2.3.5. Produktequalität und – sicherheit
- Gesundheitsförderung Schweiz
  http://www.gesundheitsfoerderung.ch
- KMU vital – Programm für gesunde Betriebe
  http://www.kmu-vital.ch
- Qualitätsentwicklung in Prävention und Gesundheitsförderung
  http://www.quint-essenz.ch
- Safe at Work – Unfälle verhüten, Leben retten
  http://www.safeatwork.ch
- Deutsches Netzwerk Wirtschaftsethik
  http://www.dnwe.de
- European Business Ethics Network (EBEN)
  http://www.eben-net.org
- International Labour Organization (ILO)
  http://www.ilo.org

2.3.6 Informelle Kanäle – am Dienstweg vorbei

Die meisten Unternehmen verfügen über ein Organigramm oder Regelungen zum Dienstweg, welche als bindend abgesegnet wurden. Die tatsächliche Kommunikation erfolgt aber über andere, oft persönliche Verbindungen. Informelle Kanäle werden auch inoffizielle oder bilaterale Kanäle genannt; man lernt etwas auf dem Latrinenweg, aus der Gerüchteküche, über den Flurfunk (poetischer auf Englisch: through the grapevine). Ein Integritätsproblem besteht dann, wenn Personen in der Organisation wiederholt bis systematisch informelle Kanäle anstelle von offiziellen Wegen nutzen.

Fallbeispiel

Soeben hat die gesamte Belegschaft eines grösseren Alters- und Pflegezentrums vom obersten Chef das angepasste Organigramm erhalten. Wie jedes Mal wurde im E-Mail darauf hingewiesen, dass dieses bindend sei und die Kommunikationswege unbedingt eingehalten werden sollen. Sofia schmunzelt vor sich hin. Jedes Jahr das gleiche Lied. Dabei ist es ein offenes Geheimnis, dass viele Kanäle existieren, die nichts mit diesen „offiziellen" Wegen zu tun haben. Sie glaubt, dass das Unternehmen gar nicht funktionieren würde, hätte man nicht diese bilateralen Kanäle. In der Kaffeepause und auf den Gängen werden weit wichtigere Informationen ausgetauscht als an den offiziellen Sitzungen. Sofia

2.3 Fallbeispiele zum Bereich „Prozesse"

findet es nur komisch, dass der Chef einerseits diese informellen Kanäle billigt und fördert und andererseits jährlich dieses Organigramm mit ausgestrecktem Zeigefinger verschickt. Soll sie ihren Chef darauf ansprechen?

Analyse der Spannungsfelder und Leitideen

Existieren klare Weisungen zum Dienstweg oder gibt es ein Organigramm, dann verhält sich jemand ethisch nicht korrekt, wenn er oder sie regelmässig informelle Kanäle nutzt, um an Informationen zu kommen oder Dinge zu beeinflussen. Man umgeht damit fahrlässig oder bewusst Vorschriften oder Erwartungen. Vorgesetzte oder Mitarbeitende gehen wahrscheinlich davon aus, dass man sich an die offiziellen Kanäle hält.

Wer systematisch informelle Kanäle nutzt, legt kein Interesse an den Tag, legitim zu handeln (D2 wird verletzt). Aus pragmatischer Sicht würde man aber – in unseren Breitengraden – dafür plädieren, dies nicht so streng zu sehen. Aus ethischer Perspektive kann dem zugestimmt werden in dem Masse, wie bei Nutzern informeller Kanäle- eine differenzierte Verantwortung (D3) feststellbar ist, zum Beispiel, indem diese laufend klarstellen (und darum bemüht sind), woher und weshalb sie im Besitz gewisser Informationen sind. Dies stellt ein erstes Spannungsfeld dar: Organigramm vs. bilaterale Kanäle nutzen.

Ein zweites Spannungsfeld liegt vor, wenn Verantwortungsträger die Informalität selbst fördern: Einerseits erlassen sie Regeln, fördern aber gleichzeitig aktiv oder passiv, dass diese umgangen werden. Bei solchem fast schizophronen Führungsverhalten fehlt es am Interesse, legitim zu handeln (D2): Der Verantwortungsträger könnte die Regeln schlicht aussetzen. Darunter versteckt sich aber auch eine Art Zynismus sowie, aus ethischer Sicht, ein Mangel an Respekt gegenüber den Untergebenen (R3): Diese werden – mit derartigem Handeln – nicht in ihrem für die Unternehmung konstitutiven Wert geschätzt. Der fehlbare Verantwortungsträger scheint sich auch über Führungsrollen zu mokieren: Untergebene (wie vielleicht auch er selbst) verlieren den Glauben an die Leadership der Organisation, lähmender Zynismus macht sich breit (vgl. Abb. 2.15).

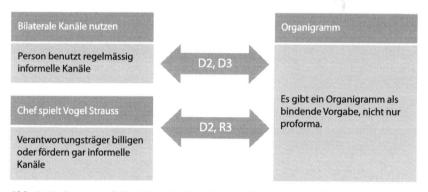

Abb. 2.15 Spannungsfeld „Informelle Kanäle – am Dienstweg vorbei"

Praxistipps zum Vorgehen

Jemand in der Organisation müsste eine derartige Diskrepanz einmal ansprechen. Möglicherweise sind sich viele im Unternehmen dieser Diskrepanz gar nicht bewusst. In diesem Fall reicht es, dies zu thematisieren. Lösungen könnten dahin gehen, Richtlinien abzuschaffen, informelle Kanäle zu offizialisieren oder ein Organigramm realen Gegebenheiten anzupassen.

Schwieriger wird es, falls der Wille fehlt, etwas zu ändern, die Diskrepanz zwischen formellen Vorgaben und informellen Kanälen gross ist und die Mitarbeiter bereits zynisch reagieren. Verantwortungsträger müssten merken, dass eine derartige Situation ineffizient ist und der Glaubwürdigkeit schadet (Schritt 1). Möglicherweise hilft eine grafische Darstellung der inoffiziellen Linien auf dem Organigramm (vgl. Abb. 1.4). Untergebene (wie im Fallbeispiel Sofia) könnten (im Sinne von D1) die Situation mit Vorgesetzten vorsichtig ansprechen. Ändert sich nichts, dann muss das entweder ertragen oder das Problem an die nächst höhere Stufe eskaliert werden.

2.3.7 Leistungsmessung und Leistungsbeurteilung

Mit welchen Kriterien soll die Leistung eines Mitarbeitenden gemessen werden? Werden diese Kriterien den Leistungen aller Mitarbeitenden gerecht? Wenn nicht, wie sollen die Leistungen sonst verglichen werden? Die faire Beurteilung der Arbeitsleistung wirft zahlreiche Fragen auf. Sie tauchen beispielsweise dann auf, wenn das Gefühl entsteht, die standardmässig verwendeten Messkriterien erfassten die Leistung von Mitarbeitenden nicht in ihrer Ganzheit bzw. würden ihrer Komplexität nicht gerecht. Arbeitsleistung ist nicht immer einfach messbar und vergleichbar. Die Leistungsmessung kann verschiedene Kriterien umfassen, sowohl harte wie Umsatz oder Vertragsabschlüsse als auch weiche wie Einsatz oder Kooperationsbereitschaft. Eine ausgewogene Beurteilung umfasst unterschiedliche Perspektiven, z. B. die Sicht der Mitarbeitenden, der Vorgesetzten, der Arbeitskollegen oder auch von Aussenstehenden. Grundlegend ist, dass die Kriterien und das Vorgehen der Mitarbeiterbeurteilung für alle Beteiligten transparent sind.

Fallbeispiel

Die jährlichen Mitarbeiter-Gespräche stehen an. Im vergangenen Jahr wurde von der HR-Abteilung ein neues Beurteilungssystem eingeführt, welches die Vergleichbarkeit der Mitarbeiterleistungen verbessern soll. Gian hat als Vorbereitung auf die Gespräche für jeden seiner Mitarbeitenden einen solchen Beurteilungsbogen ausgefüllt. Heute steht das Gespräch mit Sarah auf dem Programm. Gian hat ein ungutes Gefühl. Das neue Beurteilungssystem ist nicht mehr so ausführlich wie das frühere und er wird den Eindruck nicht los, dass er Sarahs Leistung damit nicht gerecht wird. Sarah schneidet im neuen System viel schlechter ab als ihre Kollegen, obwohl sie gute Arbeit leistet. Der „Outcome" ihrer Arbeit ist einfach nicht so gut messbar wie der ihrer Kollegen. Doch das HR lässt aus Effizienzgründen keine zusätzlichen Beurteilungen zu. Was soll Gian tun?

Analyse der Spannungsfelder und Leitideen

Zu einer verständigungsorientierten Einstellung gehört sicherlich, dass die Vorgehen und Kriterien für die Leistungsbeurteilung offen gelegt werden. Die Mitarbeitenden haben ein Anrecht auf eine faire Beurteilung ihrer Leistung (D2). Ein Feedback zu ihren Leistungen bietet ihnen auch die Möglichkeit, ihre Leistungen zu verbessern und sich selber weiter zu entwickeln. Insofern ist eine Leistungsbeurteilung sowohl im Interesse des Unternehmens als auch der Mitarbeitenden. Das Gesetz schreibt vor, dass beispielsweise Arbeitszeugnisse wohlwollend formuliert werden (R2). Eine sorgfältige Beurteilung der Leistung ist gleichzeitig auch eine Wertschätzung der Arbeitsleistung (R3). Wenn die verwendeten Beurteilungsinstrumente die wesentlichen Aspekte der Leistung nicht erfassen, sollten sie angepasst werden. Im Fallbeispiel sollte Gian darauf bestehen, dass er das standardisierte Beurteilungssystem durch Zusatznotizen ergänzen kann, um der Arbeitsleistung von Sarah gerecht zu werden (vgl. Abb. 2.16).

Praxistipps zum Vorgehen

Eine faire Beurteilung der Arbeitsleistung sollte die Richtschnur sein (Schritt 1). Heute erfolgt eine professionelle Leistungsbeurteilung meist aus unterschiedlichen Perspektiven, beispielsweise aus Sicht der Mitarbeitenden selber, der Vorgesetzten, der Kollegen, der Partner oder Kunden. Ein einfaches, standardisiertes Beurteilungsraster kann die Leistung niemals so exakt erfassen wie eine 360 Grad-Beurteilung. Insofern bedeutet ein sorgfältiges Beurteilungsverfahren auch eine Wertschätzung der geleisteten Arbeit (R3). Die Selbst- und Fremdbeurteilung wird dann im jährlichen Mitarbeitergespräch abgeglichen (Schritt 3). Zudem sollten die Kriterien und Ziele der Beurteilung im Vornherein klar sein. Eine zweckmässige Hilfe für die Formulierung von Zielen ist das Akronym SMART, wonach Ziele spezifisch (s), messbar (m), akzeptiert/aktionsorientiert (a), realistisch (r) und terminiert (t) zu formulieren sind. Am Ende eines Mitarbeitendengesprächs unterzeichnen Vorgesetzte und Mitarbeitende gegenseitig die Protokollnotizen, um ihr gegenseitiges Einverständnis zu bekräftigen (Schritt 4). Die Kriterien und das Beurteilungsverfahren sollten zudem von Zeit zu Zeit überprüft und gegebenenfalls angepasst werden (Schritt 5).

Weiterführende Information
- → Fallbeispiel: 2.4.5. Reaktion auf Fehlverhalten
- → Fallbeispiel: 2.2.7. Gleichberechtigung

2.3.8 Faire Lohnsysteme

Der „faire" Lohn und die Lohnverteilung innerhalb eines Unternehmens sind nicht erst seit der Boni-Diskussion Quelle vieler Unsicherheiten. Laut dem Staatssekretariat für Wirtschaft SECO sollte ein fairer Lohn mindestens den Leistungen des

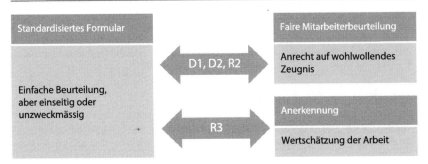

Abb. 2.16 Spannungsfeld „Leistungsmessung und Leistungsbeurteilung"

Mitarbeitenden entsprechen, die Stellenanforderungen berücksichtigen, marktkonform sein, im Rahmen der Unternehmensmöglichkeiten liegen sowie Recht und Ethik nicht verletzen (KMU Portal 2014). Auch wenn ein Lohn diesen Anforderungen entspricht, können ethische Dilemmas das Lohnsystem betreffend im Unternehmen auftauchen.

Fallbeispiel

Im Fachbereich von Marco arbeiten zwei Mitarbeitende eng zusammen, die unterschiedlicher nicht sein könnten. Der eine ist knapp 60 Jahre alt, erfahren, aber nicht mehr in der Stimmung, noch gross etwas zu bewegen. Der andere ist 30 Jahre alt und stets Feuer und Flamme, wenn etwas Neues ansteht. Die beiden kommen gut miteinander aus. Nur einmal im Jahr, wenn das jährliche Lohngespräch ansteht, sieht das anders aus. Der Jüngere fühlt sich unfair behandelt. Er beklagt sich dann jeweils bei Marco, es sei unfair, dass er, nur weil er zu Zeiten des grossen Sparens eingestellt worden sei, so viel weniger verdiene als der andere. Schliesslich mache er gute Arbeit und bemühe sich stets, den Fachbereich voranzubringen. Marco steht jedes Jahr vor derselben Schwierigkeit: Er muss dem Mitarbeiter Recht geben. Aber das Lohnsystem ist zu unflexibel und die möglichen Lohnentwicklungen zu klein, um den Unterschied in der Leistung abbilden zu können. Was soll er tun?

Analyse der Spannungsfelder und Leitideen

Lohn ist eine finanzielle Entschädigung für eine Arbeitsleitung. Das Gefühl von Fairness beim Nehmen und Geben sitzt tief in uns und „Gleicher Lohn für gleiche Arbeit" gilt weithin als Grundsatz für einen gerechten Lohn. Lohnunterschiede müssen gerechtfertigt werden können (D2). Es gibt durchaus akzeptable Gründe für ungleichen Lohn, wie beispielsweise unterschiedliche Anforderungen an die Arbeit, Berufserfahrung oder unterschiedliche Leistungen. Die Situation auf dem Arbeitsmarkt allein ist allerdings ein schlechtes Kriterium für

2.3 Fallbeispiele zum Bereich „Prozesse"

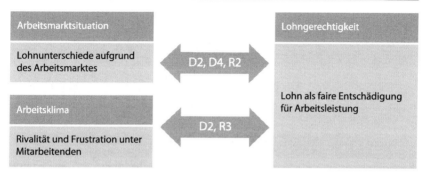

Abb. 2.17 Spannungsfeld „Faire Lohnsysteme"

unterschiedliche Löhne. Ein faires Lohnsystem brauchte Transparenz nicht zu scheuen und sollte die Kriterien für die Einstufung klar darlegen können (D4). Gesetzlich verboten sind Lohnunterschiede allein aufgrund des Geschlechtes, obwohl diese in der Praxis immer noch häufig der Fall sind (R2). Der Lohn ist eine Form der sozialen Anerkennung für geleistete Arbeit und häufig auch ein wichtiger Bestandteil der Arbeitsmotivation (R3). Im Interesse eines guten Arbeitsklimas sollten Unternehmen ein faires und transparentes Lohnsystem einrichten (vgl. Abb. 2.17).

Praxistipps zum Vorgehen

Als erstes muss ein Unternehmen erkennen, dass unbegründete, individuelle Lohnunterschiede eine ernstzunehmende Ursache für Unzufriedenheit unter Mitarbeitenden sind (Schritt 1). Diskriminierung nach Geschlecht ist gar verboten. Wie die Analyse der Spannungsfelder zeigt, müssen Lohnunterschiede gerechtfertigt werden können, z. B. durch Anforderung, Qualifikation oder Leistung (D2). Im vorliegenden Fallbeispiel sind vielleicht das Alter und die Erfahrung plausibel, anderenfalls tatsächlich ein Begründungsnotstand bestünde (Schritt 3). Da das Problem im Einzelfall und im Nachhinein kaum zu lösen ist, ist es für das Unternehmen umso wichtiger, möglichst rasch eine klare Lohnpolitik zu entwickeln, die transparent gemacht wird (D4) (Schritt 5). Eine faire Lohnpolitik sollte zumindest drei Faktoren berücksichtigen: Anforderungen, Leistung und Marktsituation. Zusätzlich kann das Lohnsystem durch Lohnbänder und Lohnklassen mit klaren Zuordnungskriterien transparent gemacht werden. Zahlreiche Branchenverbände und auch Bundesstellen bieten zudem auf ihren Webseiten Empfehlungen für faire Löhne an.

Weiterführende Information

- → Fallbeispiel: 2.2.7. Gleichberechtigung
- KMU-Portal des Staatssekretariats für Wirtschaft SECO
  http://www.kmu.admin.ch
- Salarium – Individueller Lohnrechner
  http://www.lohnrechner.bfs.admin.ch
- Corporate Social Responsibility in Deutschland
  http://www.csr-in-deutschland.de
- International Labor Organization (ILO)
  http://www.ilo.org

2.3.9 Entlassung

Sehr schnell sieht man sich im Falle von bevorstehenden Entlassungen mit ethischen Dilemmas konfrontiert: Wen soll man entlassen? Diejenige, die die besten Chancen hat auf dem Arbeitsmarkt, oder denjenigen, der dem Unternehmen am wenigsten bringt? Wie sollen die Entlassungen ausgestaltet sein? Wie werden die Entlassungen erklärt in Anbetracht der Summen, die für externe Berater bezahlt wurden? Unternehmen müssen sich Veränderungen im Umfeld anpassen und oft sind Umstrukturierungen und auch Entlassungen die Folge davon. Obwohl Arbeit gegen Lohn auf einem Vertag auf Zeit beruht, ist die Arbeit für viele Mitarbeitende weit mehr als nur eine Erwerbsquelle. Für sie bedeutet Arbeit auch Teilhabe am gesellschaftlichen Leben und sie ist ein selbstverständlicher Teil ihres Lebens. Auch wenn Entlassungen manchmal unvermeidbar sind, so gehört eine menschenwürdige Abwicklung einer Entlassung zum Minimum, was Mitarbeitende von ihren Unternehmen erwarten dürfen. Sie ist Ausdruck der Wertschätzung auch in schwierigen Momenten.

Fallbeispiel

Die strategische Neuausrichtung im Bereich Grosskunden ist eine längst überfällige und sinnvolle Sache. Anna weiss jedoch, dass dies grosse Veränderungen für ihre Abteilung nach sich ziehen wird. Die Neuausrichtung bedingt eine Neubeurteilung der Stellenprofile und -prozente. Die Analyse hat klar gezeigt, dass Annas Abteilung im Sekretariat über zu viele und in der Projektleitung über zu wenige Stellenprozente verfügt. Zusammen mit ihrem Chef hat sich Anna entschieden, dass wohl oder übel eine der beiden Sekretariatsstellen gestrichen werden müssen. Anna hat die Wahl zwischen einer jüngeren, flexibleren, jedoch etwas unerfahrenen Sekretärin und einer langjährigen älteren Mitarbeiterin, die „weiss, wie der Laden läuft", aber nicht mehr grosse Lust an Veränderungen zeigt. Anna fühlt sich zerrieben zwischen einer Entscheidung zum Wohle der Mitarbeiterin und einer erfolgreichen Weiterentwicklung der Abteilung. Was soll sie tun?

Analyse der Spannungsfelder und Leitideen

Für die Mitarbeitenden ist es eine schmerzliche Erfahrung, plötzlich überflüssig zu sein, vor allem, wenn sie sich vorher voll und ganz mit ihrer Arbeit identifiziert haben. Insbesondere, wenn Unternehmen Loyalität von ihren Mitarbeitenden verlangt haben, bedeutet eine Kündigung für die Mitarbeitenden den Bruch eines Vertrauensverhältnisses (R1, R3). Im vorliegenden Fallbeispiel sollte Anna vor einem Entscheid abklären, welche Möglichkeiten einer Beschäftigung in einer anderen Abteilung oder einer Umschulungen für die Sekretä-

2.3 Fallbeispiele zum Bereich „Prozesse"

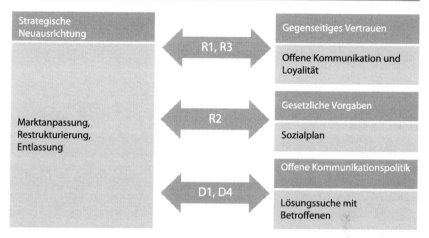

Abb. 2.18 Spannungsfeld „Entlassung"

rinnen bestehen. Wenn eine Entlassung trotzdem unvermeidbar ist, muss das Unternehmen eine offene Kommunikation betreiben, die Kriterien für die Kündigung offenlegen und die Betroffenen bei der Suche nach einer Lösung unterstützen (D1, D4) (vgl. Abb. 2.18).

Praxistipps zum Vorgehen

Personalverantwortliche sollten sich der existenziellen Bedeutung der Arbeit für die Mitarbeitenden bewusst sein (Schritt 1). Sehr wichtig ist bei einer Entlassung eine überlegte Informationspolitik. Es stellt sich die Frage, wer wann über welche Kanäle informiert wird. Der GAU der internen Kommunikation tritt dann ein, wenn Mitarbeitende über informelle Kanäle oder über die Medien von Umstrukturierungen und Entlassungen in ihrem Unternehmen erfahren. Dies ist ein klarer Mangel an einer verständigungsorientierten Einstellung (D1). Gerade in Krisensituationen haben die Mitarbeitenden ein grosses Bedürfnis nach Informationen aus erster Hand, die gleichzeitig auch zuverlässig sind (D4). Bei einer grösseren Anzahl von Entlassungen sind zudem strengere gesetzliche Vorgaben wie z. B. die Erstellung eines Sozialplans einzuhalten. Die direkt Betroffenen, Gewerkschaften oder auch Standortgemeinden sollen möglichst bei der Lösungssuche beteiligt werden (Schritt 3). Dies erfordert von Führungskräften Klugheit und Mut. Führungsqualitäten zeigen sich nicht zuletzt in schwierigen Situationen.

Weiterführende Information
- → Fallbeispiel: 2.4.1. Persönliche Überzeugungen
- Arbeitsrecht und Arbeitsvertrag in der Schweiz
  http://www.arbeits-recht.ch
- Arbeitsrecht.de. Das Informationsportal
  http://www.arbeitsrecht.de/

2.4 Fallbeispiele zum Bereich „Menschen"

2.4.1 Persönliche Überzeugungen

Gewissenskonflikte (im Arbeitskontext) sind ethische Dilemmas, welche Mitarbeitende zumeist mit sich selber austragen. Sie entstehen daraus, dass sich die eigene Überzeugung zum Beispiel nicht oder nur begrenzt mit den Geschäftsprinzipien oder den kommerziellen Interessen des Arbeitgebers vereinbaren lassen. Soll man aus persönlicher Sicht wichtige ökologische Kriterien berücksichtigen oder muss dem Unternehmen gegenüber loyal gehandelt werden, da dieses durch ökologisches Handeln finanzielle Nachteile erleiden würde? Sollen vom Lieferanten Tiefstpreise verlangt werden, was dem Unternehmen einen guten Gewinn ermöglicht, obwohl dies dem eigenen Gefühl von Fairness widerspricht? (Noll 2002, S. 109).

Fallbeispiel

Matthias arbeitet im Kundendienst. Vor Kurzem ist das Unternehmen, für welches er arbeitet, infolge der steigenden Mietpreise vom Stadtzentrum aufs Land gezogen. Da die meisten Kunden im Stadtzentrum ansässig sind, konnte Matthias früher viele Kundenbesuche per Tram und Bus erledigen. Heute geht das nicht mehr. Matthias' Unternehmen hat die Finanzierung von Zug-Abonnements seiner Aussendienstmitarbeitenden gestoppt und stattdessen mehr Firmenwagen gekauft. Nun wird erwartet, dass sowohl lange wie auch kurze Strecken mit dem Auto zurückgelegt werden. Matthias geht das gegen den Strich. Er engagiert sich privat stark für den Umweltschutz und kann diese neue Praxis nur schwer mit seinem Gewissen vereinbaren. Andererseits versteht er auch die Beweggründe des Unternehmens. Was soll er tun?

Analyse der Spannungsfelder und Leitideen

Es ist Ausdruck einer offenen Gesellschaft, wenn Gewissenskonflikte thematisiert werden können. Im Arbeitskontext kann es aber auch hierzulande heikel sein, eine andere persönliche Überzeugung zu thematisieren und eigene Weltanschauungen legitimieren zu wollen (D2). Mit Unterzeichnung des Arbeitsvertrags akzeptiert man eine Unterstellung und die Weisungsbefugnis durch den Arbeitgeber. In fortschrittlichen Gesellschaften werden Angestellte aber als Menschen geachtet (R1) und nicht einfach als Produktionsfaktoren oder Maschinen.

In einem Grossteil von Organisationen gibt es wahrscheinlich keine Gefässe, wo grundlegende Gewissenskonflikte machtfrei und ohne Angst vor Konsequenzen offengelegt werden können (ein Mangel an D4). Wenn die Kultur einer Organisation Gewissenskonflikte der Mitarbeitenden gar nicht zulässt, werden Andersdenkende marginalisiert (R3); der Wert und das Potential von Diversität und Befähigung wird verkannt.

2.4 Fallbeispiele zum Bereich „Menschen"

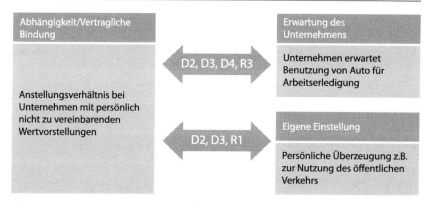

Abb. 2.19 Spannungsfeld „Persönliche Überzeugungen"

Der oder die Einzelne muss allenfalls differenzierte Verantwortung übernehmen (D3), falls kein Stellenwechsel möglich ist: Sich mit der Situation abfinden und Freude daran haben, wenn im Kleinen Dinge verbessert werden können (vgl. Abb. 2.19).

Praxistipps zum Vorgehen

Gewissenskonflikte erfordern ein sehr hohes Mass an ethischer Kompetenz. Der wichtigste Schritt bei Gewissenskonflikten ist es, sich zu sensibilisieren und zu engagieren (Schritt 1). In vielen Fällen sind gewichtige Gewissenskonflikte kaum lösbar, ausser, indem man eine andere Stelle sucht oder den Konflikt in einer Übergangszeit aushält. Meist müssen Gewissenskonflikte alleine gelöst werden, also im Quasi-Diskurs mit sich selbst (gemäss D3). Fortschrittliche Unternehmen, die stark auf Diversität (R3) und Mitarbeitenden-Befähigung setzen und damit Mitarbeitende ermutigen, ihre Gewissenskonflikte aktiv einzubringen, sind eher die Ausnahme. Eine Tendenz in diese Richtung ist aber gerade mit zunehmend flacheren Hierarchien erkennbar. Unternehmen sind gut beraten, sich (im Sinne von Schritt 5: Weiterentwicklung der Organisation) Möglichkeiten zu überlegen, von Ombudsstellen bis zur monatlichen Thematisierung von Spannungsfeldern, so dass Gewissenskonflikte konstruktiv eingebracht werden können.

Exkurs

Dieses Fallbeispiel zeigt eine interessante Nuance zwischen resignieren und aushalten. Ist ein Stellenwechsel unmöglich, kann von aussen schnell der Eindruck entstehen, die Person habe resigniert und ihre Werte denjenigen der Firma angepasst. Das wäre in der Tat kein Ausdruck von ethisch reflektiertem Handeln. Ein Akt des „Aushaltens" deutet aber auf einen anderen, ethisch wichtigen Aspekt hin: Ethische Dilemma muss man manchmal aktiv „erdauern" oder mit sich herumtragen, d. h. man ändert an der Situation im Moment nichts, aber ist sich bewusst, dass das auf Dauer nicht geht und dass dies im Widerspruch zu eigenen Werten steht. Man hält aus, indem man das Dilemma auch immer wieder vor Augen hat und in stiller Abwägung (D3) merkt, dass man im Moment noch keine andere Alternative hat. Das kann Schwerarbeit sein, ist aber Ausdruck ethischer Reflektion – demgegenüber ist Resignation die „bequemere" Variante, die letztlich aber auch unser Menschsein einschränkt (R1).

Weiterführende Information
- Göbel, E. (2013). Unternehmensethik. 3. Aufl. Stuttgart: UTB. Lucius & Lucius. (S. 192 ff.)

2.4.2 Hintergedanken – Hidden Agendas

Bei Hintergedanken, verdeckten Absichten oder „hidden agendas" geht es darum, dass jemand seine wahren Absichten oder Ziele verdeckt hält, man dies aber nicht erwarten würde. Der Oxford English Dictionary definiert Hidden Agendas als „verdeckte oder unausgesprochene Absicht hinter dem vordergründigen Ziel einer Handlung". Das heisst, die Person mit verdeckten Absichten lässt andere bewusst im Irrglauben ob der wahren eigenen Zielsetzung.

Verdeckte Absichten sind insbesondere brisant, wenn sie innerhalb einer Organisation über längere Dauer verfolgt werden. Hidden Agendas *zwischen* Organisationen hingegen oder beispielsweise zwischen einem Versicherungsbroker und einem potentiellen Kunden sind normal und quasi Teil der Spielregeln – man lässt sich nicht einfach in die Karten schauen (also eigentlich gar nicht mehr „hidden" im Sinne von hintergründigen Absichten).

> **Fallbeispiel**
>
> Tom ist erfolgreicher Anlageberater in einer mittelgrossen Bank und geniesst seit Jahren das Vertrauen von zahlreichen Kunden. Auch als Mitarbeiter ist er ein allseits geschätzter Kollege. Neben dem Vertrauen der Kunden hat er sich auch ein grosses Wissen über das Anlagegeschäft aufgebaut. Insbesondere hat er selber ein Excel-Tool entwickelt, das Daten aus unterschiedlichen Quellen zusammenzieht und in aggregierter Form übersichtlich darstellt. Das Tool ist vor allem für den Vergleich von Offerten für verschiedene Anlageprodukte sehr hilfreich. Andrea, seine Vorgesetzte, wünscht sich, dass auch andere Anlageberater von Toms Wissen profitieren können. Doch Tom weicht aus und sagt, dass es zu aufwändig sei, all das Wissen zu dokumentieren und für die interne Schulung sei er nicht zuständig. Zeit sei zudem Mangelware. Andrea wundert sich über Toms Reaktion. Will er sein Wissen für sich behalten oder hat er gar vor, sich als Berater selbständig zu machen? Soll ihn Andrea zur Rede stellen?

2.4 Fallbeispiele zum Bereich „Menschen"

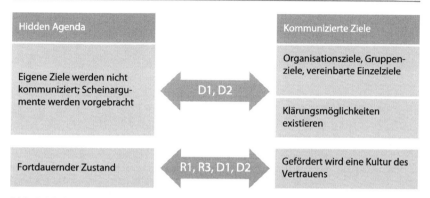

Abb. 2.20 Spannungsfeld „Hintergedanken – Hidden Agendas"

Analyse der Spannungsfelder und Leitideen

Bereits der Begriff „verdeckte" Absichten drückt aus, dass die agierende Person bewusst schummeln will. Dies zeugt weder von einer kommunikationsorientierten Einstellung (D1) noch vom Willen, die beabsichtigten Ziele im Zweifelsfall zu legitimieren (D2). Aus Sicht organisationaler Integrität ist das Problem nicht die unterschiedliche Zielsetzung; unterschiedliche Ziele existieren immer, wenn mündige Menschen miteinander zusammenarbeiten. Das Problem liegt darin, dass eigene Ziele bewusst und über längere Zeit mit vordergründigen und angeblichen Motivationen verdeckt werden.

Dies ist dann gravierend und Ausdruck bewusst bösen Willens, wenn seitens der Organisation sowohl Klärungsgefässe (offene Türen, Meetings) existieren und gar noch eine Kultur des Vertrauens gefördert wird, die handelnde Person aber ihre verdeckten Absichten dennoch weiterverfolgt. Im Prinzip mangelt es dieser Person auch an Respekt gegenüber ihren Führungspersonen (R1 und R3). Das für gute Zusammenarbeit grundlegende, gegenseitige Vertrauen ist nicht gegeben oder es wird untergraben.

Hintergedanken sind aus diskursethischer Perspektive ein Grundübel, widersprechen sie doch den Anliegen aus D1 und D2 im Kern (vgl. Abb. 2.20).

Praxistipps zum Vorgehen

Personen davon abzubringen, verdeckte Absichten zu verfolgen, ist eine grosse Herausforderung, denn es ist letztlich eine Frage der Zusammenarbeitskultur. Aber eine Organisation kann langfristig nicht gut funktionieren, wenn alles Vereinbarte doppelbödig ist. Der Erfolg von Organisationen steht und fällt damit, wie ehrlich man zusammenarbeitet.

Das Wichtigste im Umgang mit Hidden Agendas ist der Schritt 1, die Sensibilisierung bzw. sensibilisiert sein. Denn Hidden Agendas sind quasi als Grundbaustein in vielen ethischen Dilemmas anzutreffen: in informellen Kanälen, in der Korruption, im Lobbying. Hidden Agendas können auch zu einer verdeckten, strategischen Opposition führen. Sie können die Zusammenarbeit in einem Team blockieren oder, noch schlimmer, das Team instrumentalisieren. Schlussendlich werden Personen mit Hidden Agendas wahrscheinlich auch Organisationsentwicklungsmassnahmen behindern – diese würden ja ihre Machenschaften langfristig verhindern.

Führungsverantwortliche müssen rigoros gegen verdeckte Absichten innerhalb der eigenen Organisation vorgehen. Davon hängt auch die eigene Glaubwürdigkeit ab. Möglicherweise müssen langfristige Massnahmen getroffen werden, d. h. die Organisation muss entwickelt werden (Schritt 5). Das Ausbügeln einzelner Vorfälle mit Schritt 2 bis 4 kann nur als Anschauungsmaterial und Exempel dienen.

Weiterführende Information
- Göbel, E. (2013). Unternehmensethik. 3. Aufl. Stuttgart: UTB. Lucius & Lucius. (S. 177 ff.)

2.4.3 Whistleblowing

Ein „Whistleblower" deckt unethische oder illegale Praktiken innerhalb einer Organisation gegenüber Vorgesetzten oder der Öffentlichkeit auf. Whistleblowing kann auf verschiedenen Ebenen stattfinden. Werden bei einzelnen Kollegen oder Kolleginnen unethische oder illegale Handlungen beobachtet, dann kann sich der Whistleblower zunächst an die Vorgesetzten wenden. Wird auf diese Weise keine Lösung erreicht oder handelt es sich um ein unethisches Verhalten der Unternehmensleitung selbst, bleibt nur noch der Weg an die Öffentlichkeit. Durch das „Verpfeifen" bei den Medien oder Behörden erzeugt der Whistleblower öffentlichen Druck, der die Organisation zum Handeln zwingt (Göbel 2013, S. 190 ff.). In der Gesetzgebung sind Whistleblower meist noch ungenügend geschützt; sie gehen unter Umständen hohe Risiken ein und werden als Nestbeschmutzer bezeichnet (Transparency International 2010). Wenn auch absurd anmutend könnten Whistleblower stattdessen als „Retter der Integrität" gefeiert werden.

Fallbeispiel

Nach der Montagmorgen-Sitzung wird Christian von seinem direkten Vorgesetzten zurückgehalten und gefragt, ob er noch einen Moment Zeit für eine kurze Besprechung hätte. Christians Chef erzählt ihm im Vertrauen von einer verzwickten, aber verständlichen Situation mit einem Partnerunternehmen. Er verlangt von Christian, dass er diesem externen Partner eine grössere Zahlung zusichert. Als Christian ihn darauf ansprach, dass dies nicht in Einklang mit dem Gesetz stehe, machte sich sein Chef über ihn lustig und meinte, dass man, um Erfolg zu haben, schon mal die Augen verschliessen müsse. Christian weiss aber, dass derartige Zusagen vom obersten Chef vor einigen Tagen ausdrücklich abgelehnt worden waren. Nun steht er vor einem Loyalitätsdilemma. Soll er den Auftrag seines direkten Vorgesetzten ausführen oder diesen beim obersten Chef verpfeifen?

2.4 Fallbeispiele zum Bereich „Menschen"

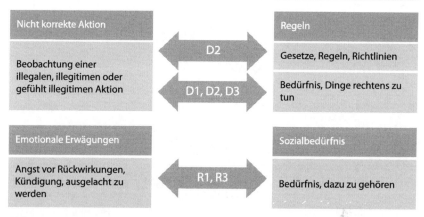

Abb. 2.21 Spannungsfeld „Whistleblowing"

Analyse der Spannungsfelder und Leitideen

Ein Whistleblower hat eine illegale, illegitime oder seiner Meinung nach illegitime Aktion beobachtet, welche nach seinem Gutdünken nicht mit einem spezifischen Gesetz oder Richtlinien übereinstimmt (D2). Einen allfälligen Zweifel könnte er allenfalls im Gespräch klären (D1).

Ethisch reflektierte Whistleblower zeichnen sich dadurch aus, dass sie grundlegend bereit sind, sich für Recht und Gerechtigkeit einzusetzen und dass sie auch die Legitimität ihrer eigenen Aktion kritisch hinterfragen (D2): Geht es wirklich nicht darum, jemandem oder dem Unternehmen eins auszuwischen oder als Star der Presse aufzutreten? Hat er oder sie bereits alle verfügbaren Möglichkeiten genutzt, um auf einen Missstand aufmerksam zu machen? Nicht selten (und nachvollziehbar) kommt ein potentieller Whistleblower im Selbstgespräch (D3) zum Schluss, dass das Risiko für Repressalien zu hoch ist. Oft geht es auch auf der emotionalen Ebene um eine Abwägung, inwiefern man „dazu gehören" oder sich absetzen will (R1, R3), Gefahr läuft, ausgelacht zu werden etc. Vor allem in kleineren Firmen existieren auch keine Meldestellen, wo Anliegen anonym und vertraulich gemeldet werden können (D4) (vgl. Abb. 2.21).

Praxistipps zum Vorgehen

Allfällige Whistleblower müssen genau abwägen, welche Risiken sie eingehen, und sich auch mit ihrer eigenen Motivation auseinandersetzen. Dann sind unbedingt zuerst interne Kanäle zu nutzen vor einem Gang an die Presse.

Organisation empfiehlt sich, eine Anlaufstelle für Mitarbeitende, wie z. B eine Ethik-Hotline oder Ethik-Beauftragte, einzurichten. Auch kleine Organisationen können gemeinsam mit anderen z. B. über ein Anwaltsbüro eine anonyme und vertrauliche Meldestelle für Fehlverhalten einrichten. (Renz und Böhrer 2012 S. 45).

Weiterführende Information
- Göbel, E. (2013). Unternehmensethik. 3. Aufl. Stuttgart: UTB. Lucius & Lucius. (S. 190 ff.)
- Transparency International. (2010). Leitfaden für Whistleblower. Bern.

2.4.4 Loyalität gegenüber dem Arbeitgeber

Loyal ist, wer eine Instanz (z. B. den Staat oder den Vorgesetzten) respektiert. Auch Vertragstreue, Redlichkeit, nach Treu und Glauben handeln sind Synonyme von Loyalität. Wie weit ist man als Mitarbeitender dem Arbeitgeber gegenüber zu Loyalität verpflichtet? Was geht vor: das eigene Wohl oder dasjenige des Arbeitgebers?

Mit dem Arbeitsverhältnis wird nicht nur eine Vertragsbeziehung zwischen Arbeitnehmer und Arbeitgeber hergestellt, sondern oft auch der Grundstein zu einer langjährigen persönlichen Beziehung gelegt. Nicht nur aus vertraglicher Bindung, sondern auch, indem nach Treu und Glauben gehandelt wird, entsteht Loyalität. Gerät ein Mitarbeitender in ein Loyalitätsdilemma gegenüber dem Arbeitgeber, kann das darum vielerlei ethische Fragen aufwerfen.

Fallbeispiel

Simone ist seit zwei Jahren als Angestellte in einem kleineren Unternehmen tätig. An einem Donnerstagnachmittag ruft Simones Chef sie in sein Büro und erzählt ihr, dass ein grosser Kunde, für welchen Simone zuständig war, soeben sämtliche Verträge gekündigt habe. Der Chef machte auf Simone einen sehr bedrückten Eindruck. Sie weiss, dass es um die Firma nicht zum Besten steht, und ohne diesen wichtigen Kunden wird es nun noch schwieriger werden. Zurück im Büro klingelt ihr Telefon. Der besagte Kunde ist am Apparat und bietet ihr eine hervorragende Anstellung in seinem Unternehmen an. Nur müsse sie sich bis Ende der Woche entscheiden, sagt er. Nun ist Simone im Dilemma. Ein Arbeitskollege hatte vor zwei Wochen gekündigt. Wenn sie nun auch noch kündigen würde, wäre niemand mehr da, der eine neue Arbeitskraft einarbeiten könnte. Sie kann ihren Arbeitgeber nicht einfach so im Stich lassen. Andererseits ist das Angebot sehr verlockend. Wie soll sie sich entscheiden?

Analyse der Spannungsfelder und Leitideen

Derartige Dilemmas sind meist Ausdruck eines guten Anstellungsverhältnisses. Wahrscheinlich wurde beiderseits über die Jahre auch immer mehr eingebracht als vertraglich geregelt und verlangt. Dem Arbeitgeber liegt möglicherweise wirklich das Wohl der Mitarbeitenden am Herzen. Je stärker diese Bande, desto schwieriger ein Ausstieg. Je schwächer diese Ban-

2.4 Fallbeispiele zum Bereich „Menschen"

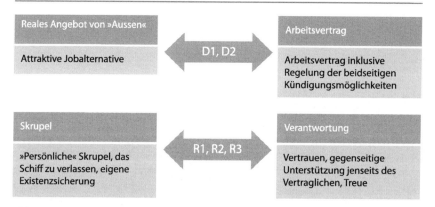

Abb. 2.22 Spannungsfeld „Loyalität gegenüber dem Arbeitgeber"

de, desto einfacher, ja erlösender fällt ein Ausstieg. In guten Verhältnissen dürfte man eine offene Kommunikation erwarten (D1): „Ich habe ein sehr spannendes Angebot erhalten, weiss aber, dass dies die Organisation kurzfristig in Schwierigkeiten bringen könnte. Können wir allenfalls über verschiedene Szenarien diskutieren, welche auch meinen Wunsch nach Veränderung aufnehmen (falls dieser existiert)?" Wenn der Arbeitgeber die angestellte Person als Mensch mit Bedürfnissen und Dynamiken anerkennt (R1), welche wie alle das Recht hat, sich in der heutigen Gesellschaft zu verändern und weiter zu entwickeln (R2), dann sollte einer guten Auseinandersetzung nichts im Wege stehen. Gleichzeitig sind auch hinter dem Arbeitgeber Personen, welche sich emotional betroffen fühlen dürfen (R1). Oft spielt in derartigen Gedanken auch die Treue zu den Kolleginnen und Kollegen und Anerkennung als gutes Team eine Rolle (R3).

Je kritischer oder ambivalenter hingegen das bestehende Arbeitsverhältnis auf der emotionalen Ebene ist, desto mehr reduziert sich die Loyalität auf die vertraglich vereinbarten Elemente. Das ist dann auch legitim und vertretbar (D2), wobei man das wohl mit sich selbst ausmachen muss (D3). In einer derartigen Situation handeln jene professionell (und ethisch reflektiert), welche Loyalitätskonflikte nicht ausnutzen, um der anderen Seite zu schaden (vgl. Abb. 2.22).

Nicht diskutiert wurde die Ebene des abwerbenden Grosskunden. Dieser handelt nämlich gar nicht legitim. Ob man bei einer Organisation mit derartigen Werten glücklicher würde, ist zweifelhaft.

Praxistipps zum Vorgehen

Bei wirklich guten Arbeitsverhältnissen muss eine wirklich „einvernehmliche Lösung" das Ziel sein. Möglicherweise ist der Arbeitgeber erfreut oder froh, wenn sich für seine Mitarbeitenden schöne Entwicklungsmöglichkeiten bieten, sofern er diese nicht anbieten kann. Oder beide Seiten bieten zumindest Hand für eine gute Übergangslösung (Schritt 3 und 4). Zuerst müssen aber die möglichen Befindlichkeiten eingeschätzt werden, um sich der Tragweite bewusst zu werden (Schritt 1). Bei guten Verhältnissen gehört unbedingt ein offenes Gespräch dazu, welches die Ansprüche und Befindlichkeiten beiderseits thematisiert (Schritt 2). Erst so kann man in einer derart heiklen Situation konstruktiv nach Lösungen suchen.

Weiterführende Information
- → Fallbeispiel: 2.4.1. Persönliche Überzeugungen
- Göbel, E. (2013). Unternehmensethik. 3. Aufl. Stuttgart: UTB. Lucius & Lucius. (S. 187 ff.)

2.4.5 Reaktion auf Fehlverhalten

Viele Unternehmen haben ausformulierte Verhaltensregeln oder gehen implizit von solchen aus. Die Szenarien von Verstössen gegen solche Verhaltensrichtlinien sind zahlreich: Die Firmen-Software wird kopiert, der Stundenrapport gefälscht, das Internet für privates Surfen missbraucht oder im Druckerraum trotz Verbot geraucht. Werden solche Situationen beobachtet, können vielerlei ethische Fragen auftauchen. Sollen Mitarbeitende den Vorgesetzten informieren oder lieber zuerst den Kollegen in einem persönlichen Gespräch darauf ansprechen? Die Antwort kann je nach Firmengrösse und -kultur verschieden ausfallen. In grossen internationalen Unternehmen erwartet man normalerweise, dass das Fehlverhalten direkt den Vorgesetzen gemeldet wird und dass diese Massnahmen ergreifen. In kleineren und mittleren Unternehmen, in denen sich die Mitarbeitenden auch persönlich kennen, ist Verpfeifen normalerweise verpönt. Petzen kann das Vertrauen der Mitarbeitenden untereinander und somit das Arbeitsklima nachhaltig stören. Trotzdem kann das Fehlverhalten nicht einfach hingenommen werden.

Fallbeispiel

Nils ist zusammen mit Christoph und drei weiteren Arbeitskollegen in einer Auto-Werkstatt tätig. Heute Morgen hat Nils bereits zum dritten Mal beobachtet, dass Christoph während der Arbeitszeit an seinem eigenen Auto gearbeitet hat, anstatt Aufträge zu erledigen. Für solche Arbeiten ist eigentlich der monatliche „Schrauber-Samstag" gedacht. Dann dürfen die Angestellten die Werkzeuge und Anlagen des Betriebes verwenden, um eigene Fahrzeuge zu reparieren. Nils ist es nicht Recht, Christoph zu verpfeifen. Anderseits beklagen sich alle über die vielen Überstunden, die geleistet werden müssen, weil das Team mit der Arbeit nicht nachkommt. Soll Nils zum Werkstattchef gehen und von Christophs Tun erzählen?

Analyse der Spannungsfelder und Leitideen

Das Spannungsfeld besteht in doppelter Hinsicht. Einerseits verstösst Christophs Fehlverhalten gegen interne Verhaltensregeln und kann deshalb nicht einfach hingenommen werden (D2). Andrerseits stellt sich die Frage, wie der Kollege, Nils, angemessen reagieren soll. Verpfeifen unter Kollegen ist verpönt, aber einfach wegzuschauen, ist ebenfalls nicht kor-

2.4 Fallbeispiele zum Bereich „Menschen"

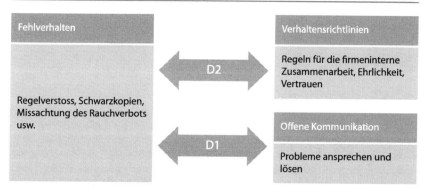

Abb. 2.23 Spannungsfeld „Reaktion auf Fehlverhalten"

rekt. Eine verständigungsorientierte Einstellung verlangt, dass Nils Christoph direkt auf sein Verhalten anspricht (D1). Insbesondere in kleinen und mittleren Unternehmen stellt dies das erwartete Verhalten unter Kolleginnen und Kollegen dar. Es entspricht auch der sogenannten Goldenen Regel: Was du nicht willst, das man dir tu, das füg auch keinem anderen zu. Die meisten Menschen wünschen sich wohl, dass sie zuerst auf ihr Fehlverhalten aufmerksam gemacht werden, bevor es offiziell sanktioniert wird (vgl. Abb. 2.23).

Praxistipps zum Vorgehen

Die Sensibilisierung besteht in diesem Fallbeispiel darin, dass sich die Mitarbeitenden des Fehlverhaltens bewusst werden und dieses nicht als Kavaliersdelikt bagatellisieren (Schritt 1). Bei der Analyse des Spannungsfeldes spielt auch die Höhe eines allfälligen Schadens für die Firma oder für Dritte eine Rolle. Wenn Mitarbeitende angemessen reagieren wollen, sollen Sie das Fehlverhalten von Kollegen und Kolleginnen direkt ansprechen (D1) (Schritt 3). Der Angeschuldigte erhält dann die Möglichkeit, sein Verhalten zu ändern und einen allfälligen Schaden wieder gut zu machen. Wiederholt der Angeschuldigte sein Fehlverhalten trotz der Ermahnung, so bleibt wohl nur, dies über den offiziellen Dienstweg dem Vorgesetzten zu melden. Das Unternehmen sollte Verhaltensrichtlinien explizit in der Weiterbildung schulen und Zweifelsfälle in der Anwendung ansprechen und klären (Schritt 5).

Weiterführende Information
- Göbel, E. (2013). Unternehmensethik. 3. Aufl. Stuttgart: UTB. Lucius & Lucius. (S. 187 ff.)

2.4.6 Alkoholproblem

Ist Alkohol- und Drogenkonsum Privatsache? Muss die Alkoholfahne des Kollegen dem Vorgesetzten gemeldet werden? Studien in Frankreich haben gezeigt, dass 15 bis 20 % der tödlichen Arbeitsunfälle auf bewusstseinsverändernde Substanzen (inkl. Alkohol) zurückzuführen sind (Angestellte Schweiz, online). Grund genug, hin zu schauen und Herausforderungen inklusive ethische Dilemmas in diesem Bereich ernst zu nehmen.

Fallbeispiel

Erich gehört zum „harten Kern" der Firma. Er ist schon seit 15 Jahren im Kundendienst tätig und hat seinen Job immer sehr gut gemacht. Vor einigen Monaten hat er sich von seiner Frau getrennt. Seinen Arbeitskollegen ist aufgefallen, dass er seither vermehrt nach Alkohol riecht. Anfänglich haben sie noch Sprüche gemacht: „Der Erich macht das richtig: Abend für Abend in den Ausgang gehen, Frauen kennen lernen und das Singleleben geniessen!" Doch langsam machen sie sich auch Sorgen. Seine Arbeit verrichtet er nach wie vor gut. Aber sie haben Angst, dass es noch schlimmer werden könnte und dann auch die Kunden Erichs Alkoholfahne riechen könnten. Sollen sie etwas tun, z. B. ihren Chef informieren?

Analyse der Spannungsfelder und Leitideen

Mitarbeitende, die Drogen oder übermässig viel Alkohol konsumieren, erfüllen wahrscheinlich die Erwartungen gemäss Arbeitsvertrag, Stellenprofil oder sonstigen Anweisungen längerfristig nicht: Ihre Handlung ist illegitim (D2) und wirkt sich auf die Leistung aus, stellt allenfalls gar ein Sicherheitsrisiko dar. Dies direkt anzusprechen (D1), ist für Kollegen und Kolleginnen eine Herausforderung. Soll dem Kollegen, der Kollegin Respekt gezollt werden (R1) Soll jemand auf ein vermutetes Alkoholproblem angesprochen werden oder soll – eventuell nach Abwägung verschiedener Standpunkte (D3) – die Personalabteilung kontaktiert werden? Möglicherweise ist man auch entnervt, dass jemand eine Sonderbehandlung erhält (R2) und man selbst zusätzliche Arbeit leisten muss. Letzteres, falls nicht einvernehmlich lösbar, wäre seitens des Unternehmens oder seitens des fehlbaren Kollegen auch ein Mangel an Legitimation (D2) (vgl. Abb. 2.24).

Praxistipps zum Vorgehen

Das Alkoholproblem eines Kollegen oder einer Kollegin wird wohl primär die anerkennungsethische Ebene betreffen, sei es ihm oder ihr gegenüber als Individuum (R1) oder möglicherweise aus Sicht einer gesellschaftlichen Verantwortung (R3). Zuerst (Schritt 1) sollte deshalb der Betroffenheit Platz gegeben werden. Im konkreten Fall müssen aber spezifische Lösungen gesucht werden (Sicherheitsfragen, Umgang mit der Leistungseinbusse etc.), welche es erfordern, im direkten Kontakt oder – wahrscheinlicher – über eine Personalabteilung das Gespräch zu suchen (im Sinne von D1, D2 und D3).

Ob man im Schritt 5 (Organisationselemente anpassen für den langfristigen Erfolg) sinnvolle Massnahmen ergreifen kann, ist fraglich. Vielleicht ist eine innerbetriebliche Präventionskampagne angebracht.

2.4 Fallbeispiele zum Bereich „Menschen"

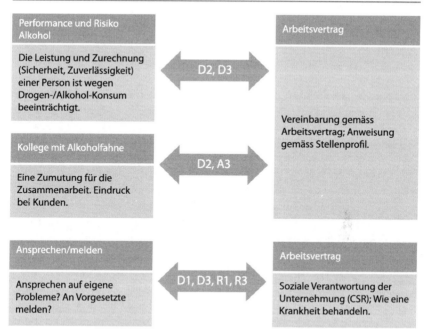

Abb. 2.24 Spannungsfeld „Alkoholproblem"

Weiterführende Information
- Blaues Kreuz Deutschland
  http://www.blaues-kreuz.de
- Blaues Kreuz Schweiz
  http://www.blaueskreuz.ch
- Blaues Kreuz Österreich
  http://www.blaueskreuz.at

2.4.7 Mobbing

Die International Labour Organization (ILO) definiert Mobbing als eine Form von systematischer kollektiver Gewalt, die einen Mitarbeiter oder eine Mitarbeiterin psychologischen Schikanen aussetzt, zum Beispiel durch andauernde negative Bemerkungen oder Kritik, Isolation, Verbreitung von Klatsch oder durch Lächerlich-Machen der betroffenen Person. Obwohl derartige Praktiken an der Oberfläche als kleinere und einzelne Aktionen erscheinen mögen, können sie ernsthafte Folgen haben (ILO 2005, S. 21).

Fallbeispiel

Johannes ist neu in der IT-Abteilung. Er hat von seinem früheren Chef, der heute im besagten Unternehmen im Kader tätig ist, von der vakanten Stelle erfahren. Er freute sich sehr darauf, da ihm ein Projekt versprochen wurde, das genau seinen Interessen und Fähigkeiten entsprach. Besagtes Projekt war tatsächlich sehr spannend, doch mit den Kollegen hatte er Mühe. Am Anfang dachte er noch, dass es sich einfach um eine sehr eingeschworene Gruppe handelt, die etwas Zeit braucht. Doch es wurde je länger, je schlimmer. Am Kaffeeautomat spricht niemand mit ihm und bei der Arbeit erntet er nur zynische Kommentare und abfällige Bemerkungen. Ein Kollege einer anderen Abteilung meinte einmal zu ihm, dass halt Tim, ein Team-Kollege, sich ursprünglich für Johannes' Job beworben habe. Seit gestern überlegt sich Johannes sogar, ob er nicht wieder künden sollte. Denn als er nach dem Mittagessen an seinen Arbeitsplatz zurückkehrte, traf ihn fast der Schlag: Sein Computer lief und zahlreiche Porno-Seiten waren geöffnet! So kann das nicht weiter gehen, das ist ihm das Projekt nicht wert. Johannes schildert die Situation seinem Abteilungsleiter. Doch was soll dieser nun tun?

Analyse der Spannungsfelder und Leitideen

Mobbing kann jeden treffen, auch wenn er oder sie keinen Anlass dazu gibt. Mobbing ist ein ernsthaftes Problem, das von Vorgesetzten und Personalverantwortlichen erkannt und angegangen werden muss. Betroffen sind durch Mobbing alle Mitarbeitende, nicht nur das Mobbingopfer. Vorgesetzte dürfen nicht wegschauen und haben für die Bekämpfung von Mobbing die Verantwortung zu übernehmen. Bei Mobbing wird einer Person die emotionale Anerkennung verweigert (R1) und sie wird vom Team abgelehnt und ausgeschlossen (R3). Die fehlende Wertschätzung drückt sich bei Mobbing auch im Kommunikationsverhalten aus. Neben der offiziellen Kommunikation findet beim Mobbing oft inoffizielle Kommunikation statt, bei der das Mobbingopfer zum Gegenstand von boshaften Gerüchten oder gar Streichen wird (D1). Diffamierung ist die gezielte Verleumdung von Personen, um ihr Ansehen und ihren Ruf zu schädigen. Der Arbeitgeber ist rechtlich verpflichtet, Arbeitsnehmende vor Schädigung zu schützen, auch wenn die Aggression von anderen Mitarbeitenden ausgeht (R2). Ein weiteres Mobbingverhalten ist die Kommunikationsverweigerung, bei der das Opfer aus der alltäglichen oder beruflichen Kommunikation ausgeschlossen wird (D2) (Abb. 2.25).

Praxistipps zum Vorgehen

Als erstes muss allen Beteiligten klar werden, dass eine integre Organisation Mobbing nicht toleriert. Vorgesetzte sollen diese Botschaft offiziell verkünden, allenfalls Sanktionen androhen und auf Mobbingfälle gezielt reagieren (Schritt 1). Für Mobbingopfer ist es ratsam, Vorfälle in einem Tagebuch zu notieren, so dass diese später rekonstruiert werden können. Bei Mobbingverhalten ist zunächst ein geleitetes Gespräch zwischen den Beteiligten und dem

2.4 Fallbeispiele zum Bereich „Menschen"

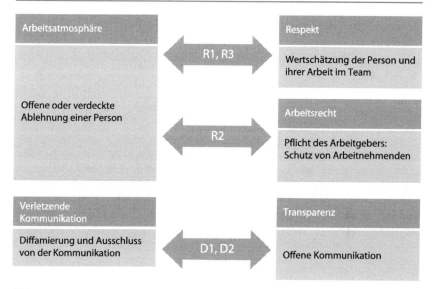

Abb. 2.25 Spannungsfeld „Mobbing"

Mobbingopfer sinnvoll. In gravierenden Fällen ist ein externer Coach beizuziehen (Schritt 3). Als längerfristige Massnahme soll die Organisation eine interne oder externe Ansprechperson benennen, an die sich Mobbingopfer wenden können und die den Vorwürfen nachgeht (Schritt 5). Auch eine Weiterbildung zum Thema Mobbing kann die Sensibilität für Mobbing stärken und die ernsthafte Absicht der Organisation, dagegen vorzugehen, unterstreichen.

Weiterführende Information
- → Fallbeispiel: 2.4.8. Sexuelle Belästigung
- Mobbing-Beratungsstelle Zürich und Bern
  http://www.mobbing-beratungsstelle.ch
- Mobbin-Web.de. Informationsplattform zum Thema Mobbing
  http://www.mobbing-web.de
- Portal für Arbeitsrecht und Mobbing
  http://www.portal-mobbing.de
- Brandt, H. (2012). Mobbing am Arbeitsplatz: Handlungsmöglichkeiten und Grenzen betrieblicher Gesundheitsförderung. Marburg: Tectum-Verlag.
- Teuschel, P. (2010). Mobbing: Dynamik – Verlauf – gesundheitliche und soziale Folgen. Stuttgart: Schattauer.

2.4.8 Sexuelle Belästigung

Gemäss dem Staatssekretariat für Wirtschaft SECO fällt unter den Begriff sexuelle Belästigung am Arbeitsplatz „jedes Verhalten mit sexuellem Bezug oder aufgrund der Geschlechtszugehörigkeit, das von einer Seite unerwünscht ist und das eine Person in ihrer Würde verletzt". Konkret bedeutet das z. B., dass anzügliche oder zweideutige Bemerkungen zum Aussehen der oder des Mitarbeitenden gemacht werden, sexistische Bemerkungen oder Witze fallen, pornografisches Material vorgezeigt wird oder es zu unerwünschtem Körperkontakt kommt. Es gibt eine einfache Regel, um zu beurteilen, ob es sich bei einem beobachteten Verhalten um einen harmlosen Flirt oder einen Vorfall von sexueller Belästigung handelt: Die Absicht der belästigenden Person ist nicht ausschlaggebend, sondern, ob die betroffene Person dieses Verhalten als erwünscht oder unerwünscht empfindet (EBG und SECO, S. 3).

Fallbeispiel

Als Chloé vor drei Monaten neu in der Verkaufsabteilung angefangen hat, wunderte sie sich noch, warum ihre Vorgängerin einen so tollen Job nach so kurzer Zeit schon wieder aufgegeben hat. Jetzt weiss sie, warum. Eine Kollegin einer anderen Abteilung hat sie gestern am Kaffee-Automaten gefragt, wie sie denn mit „unserem Don Juan" zu Recht käme. Da wurde ihr bewusst, dass es offenbar nicht nur ihr so ging. Angefangen hatte alles ganz harmlos. Ihr Chef, eigentlich ein netter Typ, hatte ihr Komplimente gemacht für ihren Kleidungsstil. Sie freute das sehr, da sie am Anfang unsicher war, ob sie sich für die Verkaufsabteilung richtig kleidete. Etwas später hatte er sie „zur Feier des ersten überstandenen Monats" zum Nachtessen eingeladen. Ihr war das etwas unangenehm – so alleine mit ihrem Chef. Aber sie dachte, dies sei in der Firma so üblich. Seit das mit den nächtlichen SMS begonnen hat, weiss sie jedoch nicht mehr, was sie tun soll. Praktisch jede Nacht schreibt er, dass er sie vermisse und nicht einschlafen könne ohne sie. Ihr ist das peinlich. Eigentlich gefällt ihr der Job, aber sie weiss nicht mehr, wie sie ihrem Chef begegnen soll.

Analyse der Spannungsfelder und Leitideen

Sexuelle Belästigung besteht auch dann, wenn die Konfliktsituation nur von einer Person wahrgenommen wird. Sie ist ein Eingriff in das Selbstbestimmungsrecht einer Person und verletzt die psychische Integrität und auch die Würde der Person (R1, R2). Im Fallbeispiel nutzt der Chef seine Vorgesetztenfunktion, um seine eigenen Interessen zu verfolgen. Dies

2.4 Fallbeispiele zum Bereich „Menschen"

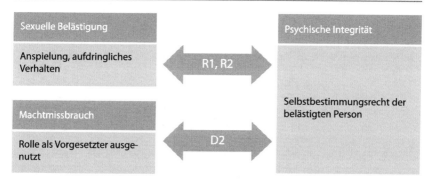

Abb. 2.26 Spannungsfeld „Sexuelle Belästigung"

ist ein Machtmissbraucht und widerspricht dem legitimen Verhalten (D2). Auch wenn sexuelle Belästigung für ihn selber oder für die Umgebung als normales Verhalten gilt, darf sie nicht einfach toleriert werden. Das Opfer der sexuellen Belästigung soll sich dagegen wehren. Dazu braucht es aber auch institutionelle Unterstützung (vgl. Abb. 2.26).

Praxistipps zum Vorgehen

Zunächst ist es wichtig, dass das Opfer der sexuellen Belästigung Klarheit schafft, d. h., dass es deutlich macht, dass das Verhalten unerwünscht und nicht akzeptabel ist. Dies ist ein erster Schritt zur Bewusstmachung des Sachverhalts beim Täter (Schritt 1). Wenn die Belästigungen trotzdem nicht aufhören, soll das Opfer die Ablehnung klar deklarieren und die Vorfälle notieren. Das Opfer kann dann Beschwerde bei der Personalabteilung einreichen und diese auch begründen (Schritt 3). Um Opfer institutionell besser vor sexueller Belästigung zu schützen, kann ein Unternehmen auch ausdrücklich einen Eskalationsweg, z. B. eine Meldestelle, einrichten, die den Vorwürfen nachgeht. Dies ist vor allem dann hilfreich, wenn Vorgesetzte sexuell belästigen (Schritt 5).

Weiterführende Information
- → Fallbeispiel 2.4.7. Mobbing
- Eidgenössisches Büro für die Gleichstellung von Frau und Mann EBG – Sexuelle Belästigung am Arbeitsplatz
http://www.sexuelle-belästigung.ch
- Bundesministerium für Familien, Senioren, Frauen und Jugend. Gleichstellung
http://www.bmfsfj.de/BMFSFJ/gleichstellung.html
- Ducret, V. (2004). Sexuelle Belästigung – was tun? Ein Leitfaden für Betriebe. Zürich: vdf, Hochschulverlag an der ETH.
- Eidgenössisches Büro für die Gleichstellung von Frau und Mann (EBG) & Staatssekretariat für Wirtschaft (SECO). Sexuelle Belästigung am Arbeitsplatz. Informationen für Arbeitgeberinnen und Arbeitgeber [Broschüre]. Bern.

Literatur

Angestellte Schweiz. Arbeit & Recht. Drogen am Arbeitsplatz – was ist verboten? http://www.angestellte.ch/rechtbeitraege/archiv-rechtsbeitraege/drogen-am-arbeitsplatz-was-ist-verboten.html. Zugegriffen: 1. Juli 2014.

BFS. Bundesamt für Statistik. (2008). *Auf dem Weg zur Gleichstellung von Frau und Mann. Stand und Entwicklung* [Brochüre]. Neuchâtel.

Crane, A., & Matten, D. (2010). *Business ethics. Managing corporate citizenship and sustainability in the age of globalization* (3. Aufl.). New York: Oxford University Press.

Eidgenössisches Büro für die Gleichstellung von Frau und Mann (EBG). (2011). *Logib – Lohngleichheitsinstrument Bund* [Benutzungsanleitung]. Bern.

Eidgenössisches Büro für die Gleichstellung von Frau und Mann (EBG). Nationales Recht. http://www.ebg.admin.ch/themen/00007/00130/index.html?lang=En-US. Zugegriffen: 1. Juli 2014.

Eidgenössisches Büro für die Gleichstellung von Frau und Mann (EBG) & Staatssekretariat für Wirtschaft (SECO). *Sexuelle Belästigung am Arbeitsplatz. Informationen für Arbeitgeberinnen und Arbeitgeber* [Broschüre]. Bern.

Europäisches Parlament. (2007). Draft Report on the development of the framework for the activities of interest representatives (lobbyists) in the European institutions (2007/2115(INI)).

Fachstelle für Rassismusbekämpfung (FRB) & Eidgenössisches Büro für die Gleichstellung von Menschen mit Behinderungen (EBGB). (Hrsg.). (2011). *Diskriminierungsbekämpfung bei der Personalrekrutierung.* Freiwillige Massnahmen von Arbeitgebern in der Schweiz [Studie]. Bern.

Gesundheitsförderung Schweiz. Friendly Work Space Label. http://healthpromotion.ch/wirtschaft/products-and-services/friendly-work-space-label.html. Zugegriffen: 1. Juli 2014.

Göbel, E. (2013). *Unternehmensethik. Grundlagen und praktische Umsetzung* (3. Aufl.). Stuttgart: Lucius & Lucius.

International Labour Organization (ILO). (2005). Framework guidelines for addressing workplace. violence in the health sector. http://www.ilo.org/wcmsp5/groups/public/--ed_protect/--protrav/--safework/documents/instructionalmaterial/wcms_108542.pdf. Zugegriffen: 1. Juli 2014.

International Labour Organization (ILO). Safety and health at work. http://www.ilo.org/global/topics/safety-and-health-at-work/lang-en/index.htm. Zugegriffen: 1. Juli 2014.

KMU Portal. Personalmotivation durch angemessene Entlöhnung. http://www.kmu.admin.ch/personal/03369/03381/index.html?lang=En-US. Zugegriffen: 1. Juli 2014.

Maak, T., & Ulrich, P. (2007). *Integre Unternehmensführung – ethisches Orientierungswissen für die Wirtschaftspraxis.* Stuttgart: Schäffer-Poeschel Verlag.

Noll, B. (2002). *Wirtschafts- und Unternehmensethik in der Marktwirtschaft.* Stuttgart: Kohlhammer.

Office of the Commissioner of Lobbying of Canada (OCL-CAL). ocl-cal.gc.ca. Zugegriffen: 1. Juli 2014.

Renz, P. (2007). *Project Governance. Implementing Corporate Governance and Business Ethics in Nonprofit Organizations.* Heidelberg: Physica-Verlag.

Literatur

Renz, P., & Böhrer, N. (2012). *Niederlassungen führen. Mit Subsidiary Governance zum Erfolg.* Berlin: Springer Gabler.

Staatssekretariat für Wirtschaft. Gesundheitsschutz am Arbeitsplatz (SECO a). http://www.seco.admin.ch/themen/00385/02747/index.html?lang=En-US. Zugegriffen: 1. Juli 2014.

Staatssekretariat für Wirtschaft. Korruptionsbekämpfung (SECO b). Informationen für Unternehmen. http://www.seco.admin.ch/themen/00645/00657/00659/index.html?lang=En-US. Zugegriffen: 1. Juli 2014.

Transparency International (TI). (2010). *Geschäftsgrundsätze für die Bekämpfung von Korruption.* Ausgabe für kleine und mittlere Unternehmen (KMU) [Broschüre]. Bern.

Transparency International Schweiz (TI). Korruptionsindizes. http://www.transparency.ch/de. Zugegriffen: 10. Juni 2014.

United Nations (UN). (1948). Allgemeine Erklärung der Menschenrechte vom 10. Dezember 1948. http://www.ohchr.org/en/udhr/pages/Language.aspx?LangID=ger. Zugegriffen: 1. Juli 2014.

Good Practices im Integritätsmanagement

3

Zusammenfassung

Das Kapitel stellt ausgewählte Umsetzungsvorschläge zum Integritätsmanagement als Good Practices vor. Es zeigt, was Führungskräfte konkret tun können, um die Integrität einer Organisation zu stärken. Die Good Practices sind nach den drei Bereichen des Integritätsmanagements geordnet.

Für den Bereich „Prinzipien" werden folgende Good Practices vorgestellt: Leitlinien-Workshop, Leitbild und Verhaltenskodex, Dialog mit Anspruchsgruppen, Ethikprogramme und Internationale Ethikstandards.

Für den Bereich „Prozesse" werden folgende Good Practices vorgestellt: Diskursive Rollenklärung, Regelmässiger Reflexionsraum, Ethik-Hotline und Ethikbeauftragte, Checklisten zur Korruptionsbekämpfung, Compliance-Radar und Software zum Integritätsmanagement.

Für den Bereich „Menschen" werden folgende Good Practices vorgestellt: Führungskräfte als Vorbilder, Workshop zu Spannungsfeldern, Ethik-Spiel mit Multiple-Choice-Fragen und Weiterbildung zur ethischen Kompetenz.

Eine integre Organisation unterscheidet sich von einer weniger integren dadurch, dass sie ethische Spannungsfelder fortlaufend erkennt und als Teil der normalen Managementaufgaben löst.

Das Ziel des dritten Kapitels ist es, Umsetzungsvorschläge zum Integritätsmanagement als Good Practices vorzustellen. Es soll aufgezeigt werden, was Führungskräfte konkret tun können, um die Integrität einer Organisation zu stärken.

3.1 Übersicht zu den Good Practices

Die Good Practices werden nach den drei Bereichen „Prinzipien", „Prozesse" und „Menschen" gegliedert (vgl. Abb. 3.1). Die Implementierung der Good Practices gestaltet sich unterschiedlich aufwändig. Dies deuten die Anzahl der Sterne an: von einfach * bis umfassend ***. Erste Schritte zu einem Integritätsmanagement sind in jeder Organisation durchführbar. Die Good Practices werden nun einzeln vorgestellt und erläutert.

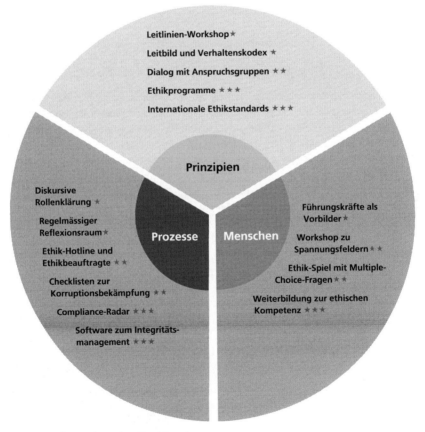

Abb. 3.1 Übersicht zu den Good Practices

3.2 Good Practices im Bereich „Prinzipien"

3.2.1 Leitlinien-Workshop

Teams, aber auch ganze Organisationen, sollten sich überlegen, wie sie zusammenarbeiten wollen und die Prinzipien als Leitlinien oder Faustregeln festhalten. Insbesondere bei der Neukonstituierung von Teams oder Organisationen ist es sinnvoll, sich grundsätzliche Fragen zu stellen. Am besten klären Teams oder Organisationen ihre gemeinsame Wertebasis in einem Workshop und beantworten Fragen wie folgende:

- Was ist uns wichtig?
- Welche Werte gelten in der Zusammenarbeit?
- Wie gehen wir miteinander um?
- Wie gehen wir vor, wenn jemand Regeln nicht einhält?
- Wie merken wir das und was machen wir dann?

Es geht in einem solchen Workshop darum, in Gedanken die realen Möglichkeiten durchzuspielen und die gemeinsamen Leitlinien der Zusammenarbeit festzulegen. Ein konkretes Beispiel dafür sind die Leitideen guter Zusammenarbeit, wie sie im ersten Kapitel beschrieben wurden (vgl. Abb. 3.2).

Diese beschriebenen Leitideen könnten auch als gute Diskussionsbasis im Leitlinien-Workshop dienen.

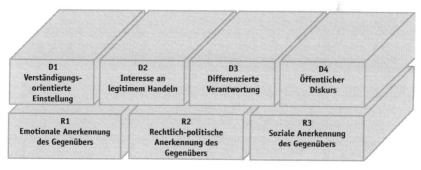

Abb. 3.2 Sieben Leitideen guter Zusammenarbeit

3.2.2 Leitbild und Verhaltenskodex

Das Leitbild dient dazu, die Wertebasis einer Organisation zu verankern und gegen innen und aussen zu dokumentieren. Das Leitbild verpflichtet die Organisation zu bestimmten Werten und legt das Verhalten der Organisation gegenüber den Anspruchsgruppen fest (Göbel 2013, S. 199 ff.). Die Grundsätze des Leitbildes werden dann in einem Verhaltenskodex konkretisiert.

Natürlich sind niedergeschriebene Leitbilder noch nicht viel wert; entscheidend ist der Prozess, wie ein Leitbild erarbeitet wurde und ob die Aussagen von der Organisation auch gelebt werden. Damit es auch von der Organisation mitgetragen wird, ist es sinnvoll, das Leitbild in einem iterativen Prozess mit zunehmendem Einbezug der Mitarbeitenden zu entwickeln: Alle sollen es mittragen und nicht nur vor fertige Tatsachen gestellt werden.

Die Glaubwürdigkeit ethischer Aussagen einer Organisation kann durch verschiedene Massnahmen unter Beweis gestellt werden:

- Es existieren Grundsätze, Regeln, Verhaltenskodizes die Integrität betreffend.
- Der Vorstand und die Geschäftsführung bekennen sich klar und explizit zur Integrität und kommunizieren ihren entsprechenden Willen.
- Die Organisation kommuniziert intern wie extern über ihre Grundsätze, Regeln und Verhaltenskodizes.
- Alle Organisationsmitglieder sind sich der Grundsätze, Regeln und Verhaltenskodizes bewusst.
- Die Organisation hat definiert, wo in Integritätsfragen Grenzen bestehen, die nicht überschritten werden dürfen, und der Umgang mit Grenzüberschreitungen ist formal definiert.
- Die Organisation geht transparent mit Problemen im Integritätsbereich um.
- Die Organisation informiert proaktiv und periodisch über ethische Belange.

3.2.3 Dialog mit Anspruchsgruppen

Organisationen wie Unternehmen sind in ein Netz von Ansprüchen verschiedener Gruppen eingespannt. Die wichtigsten Anspruchsgruppen von Unternehmen sind Investoren, Mitarbeitende, Kunden, Lieferanten, Gewerkschaften, NGOs, Kommunen, der Staat und die Öffentlichkeit, vertreten durch die Medien. Beim Begriff der Anspruchsgruppen lassen sich zwei Bedeutungen unterscheiden: strategische Anspruchsgruppen und ethische Anspruchsgruppen (Göbel 2013, S. 123). Strategische Anspruchsgruppen haben die Möglichkeit, positiv oder negativ auf das

3.2 Good Practices im Bereich „Prinzipien"

Unternehmen einzuwirken und werden deshalb in Unternehmensstrategien nach ihrer Wichtigkeit berücksichtigt. Ethische Anspruchsgruppen hingegen sind jene Gruppen, auf die ein Unternehmen selber einen positiven oder negativen Einfluss hat, abhängig davon, wie weit die Verantwortung des Unternehmens für seine Aufgaben und Handlungsfolgen reicht. So gehören beispielsweise Mitarbeitende von Zulieferbetrieben in Entwicklungsländern zu den ethischen Anspruchsgruppen, weil sie Ansprüche auf menschenwürdige Arbeitsbedingungen haben, obwohl sie kaum Einfluss auf die Strategien von Unternehmen in Europa oder den USA nehmen können. Im Dialog mit Anspruchsgruppen kann eine Organisation systematisch Interessen und Ansprüche von Stakeholdern erfassen und später bei der Entscheidungsfindung abwägen. Nicht immer können Anspruchsgruppen direkt am Dialog teilnehmen. Beispiel dafür sind etwa entfernte Betroffene, zukünftige Generationen, aber auch Tiere, Pflanzen oder Landschaften. NGOs können als legitime Stellvertreter solcher Anspruchsgruppen verstanden werden. Ausdiskutierte und ausgewogene Lösungen haben bessere Chancen auf eine erfolgreiche Umsetzung. Deshalb setzen Unternehmen bei ihrer Lösungssuche vermehrt auch auf die Zusammenarbeit mit NGOs.

Eine seit einigen Jahren etablierte Vorgehensweise für den Dialog unter verschiedenen Anspruchsgruppen ist die sogenannte Multistakeholder-Initiative. Dabei braucht es zuerst ein gemeinsames Problemverständnis und eine Anerkennung der Verantwortlichkeiten. Dann werden in einem Memorandum of Understanding verbindlich die Ambitionen, Ziele und Zeitpläne festgelegt. Erst dann kann ein gemeinsamer Prozess auf einer Vertrauensbasis zwischen den Stakeholdern beginnen.

3.2.4 Ethikprogramme

Will eine Organisation ethische Integritätsprobleme grundsätzlicher angehen, so bieten sich umfassende Ethikprogramme an. Dabei lassen sich zwei verschiedene Ansätze und Vorgehensweisen unterscheiden: Compliance-Programme und Integritätsprogramme (vgl. Tab. 3.1).

Der entscheidende Unterschied zwischen Compliance- und Integritätsprogrammen besteht darin, dass erstere bei detaillierten Regelungen ansetzen und letztere bei der moralischen Kompetenz der Mitarbeitenden. Beide Arten von Programmen verfolgen aber das Ziel, ethische Probleme zu vermeiden, zu entschärfen oder zu lösen. Je nach Unternehmen ist auch eine Kombination der Programme sinnvoll. Integritätsmanagement setzt bei der moralischen Selbststeuerung der Mitarbeitenden an und anerkennt deren moralische Autonomie. Das Unternehmen darf bei-

Tab. 3.1 Compliance- und Integritätsprogramme. (Göbel 2013, S. 225)

	Compliance-Programm	Integritätsprogramm
Zielsetzung	Externe Verhaltensstandards/Gesetze einhalten	Moralische „Selbststeuerung" der Mitarbeitenden erreichen
Steuerungsphilosophie	Verhinderung kriminellen Handelns	Ermöglichung moralischen Handelns
Verhaltensannahme, Menschenbild	Wesen mit materiellem Eigeninteresse, extrinsisch motiviert	Soziales Wesen, Eigeninteresse, aber auch Ideale und Werte
Massnahmen	Schulung, Beschränkung der Handlungsspielräume, Überwachung, Kontrolle, Strafen	Schulung, Vorbilder, persönliche Verantwortung, organisatorische Massnahmen, Überwachung, Kontrolle, Strafen

spielsweise keine unethischen Handlungen von Mitarbeitenden verlangen. So kann das Unternehmen von seinen Mitarbeitenden nicht verlangen, Kunden zu täuschen, auch wenn dies wirtschaftliche Vorteile bringen würde (Göbel 2013, S. 224 ff.).

3.2.5 Internationale Ethikstandards

Der bekannteste freiwillige Standard für international tätige Firmen ist der *UN Global Compact*, der im Jahr 2000 ins Leben gerufen wurde. Der UN Global Compact umfasst 10 Prinzipien, die die wichtigsten Themen der Unternehmensverantwortung abdecken (vgl. Tab. 3.2).

Unternehmen, die sich der Initiative anschliessen, sind verpflichtet, die 10 Prinzipien zu einem integralen Teil ihrer Geschäftsstrategien, ihrer alltäglichen Operationen und der Unternehmenskultur zu machen. Der UN Global Compact ist ein freiwilliger Standard. Eigentliche Überprüfungsmechanismen oder Sanktionen aufgrund von Verstössen sind nicht vorgesehen. Weitere Informationen sind auf der Website des UN Global Compact zu finden (www.unglobalcompact.org).

Während sich der UN Global Compact vor allem an grosse, international tätige Unternehmen richtet, gilt *ISO 26000 Standard* zur gesellschaftlichen Verantwortung für alle Arten von Organisationen, unabhängig von der Grösse und unabhängig vom Standort. ISO 26000 wurde nach jahrelangen Vorarbeiten im Jahr 2011 als ISO-Standard publiziert, ist aber nicht zertifizierbar. ISO 26000 legte grosses Gewicht auf eine ausgewogene Beteiligung der verschiedenen Anspruchsgruppen: Unternehmen, Regierungen, NGOs, Gewerkschaften, Konsumentinnen und

3.2 Good Practices im Bereich „Prinzipien"

Tab. 3.2 Die zehn Prinzipien des UN Global Compact (UN online)

	Menschenrechte
Prinzip 1	Unternehmen sollen den Schutz der internationalen Menschenrechte innerhalb ihres Einflussbereichs unterstützen und achten und…
Prinzip 2	… sicherstellen, dass sie sich nicht an Menschenrechtsverletzungen mitschuldig machen
	Arbeitsnormen
Prinzip 3	Unternehmen sollen die Vereinigungsfreiheit und die wirksame Anerkennung des Rechts auf Kollektivverhandlungen wahren sowie ferner für…
Prinzip 4	… die Beseitigung aller Formen der Zwangsarbeit,…
Prinzip 5	… die Abschaffung der Kinderarbeit und…
Prinzip 6	… die Beseitigung von Diskriminierung bei Anstellung und Beschäftigung eintreten
	Umweltschutz
Prinzip 7	Unternehmen sollen im Umgang mit Umweltproblemen einen vorsorgenden Ansatz unterstützen,…
Prinzip 8	… Initiativen ergreifen, um ein größeres Verantwortungsbewusstsein für die Umwelt zu erzeugen, und…
Prinzip 9	… die Entwicklung und Verbreitung umweltfreundlicher Technologien fördern
	Korruptionsbekämpfung
Prinzip 10	Unternehmen sollen gegen alle Arten der Korruption eintreten, einschließlich Erpressung und Bestechung

Konsumenten Wissenschaft etc. Er soll andere Instrumente und Initiativen zur gesellschaftlichen Verantwortung ergänzen, nicht ersetzen.

Der Standard definiert gesellschaftliche Verantwortung als „Verantwortung einer Organisation für die Auswirkungen ihrer Entscheidungen und Aktivitäten auf die Gesellschaft und die Umwelt durch transparentes und ethisches Verhalten, das zur nachhaltigen Entwicklung, Gesundheit und Gemeinwohl eingeschlossen, beiträgt; die Erwartungen der Anspruchsgruppen berücksichtigt, anwendbares Recht einhält und im Einklang mit internationalen Verhaltensstandards steht; in der gesamten Organisation integriert ist und in ihren Beziehungen gelebt wird" (Bundesministeriums für Arbeit und Soziales 2011, S. 11).

Der ISO 26000 Standard umfasst sieben Grundsätze: 1.) Rechenschaftspflicht, 2.) Transparenz, 3.) Ethisches Verhalten, 4.) Achtung der Interessen von Anspruchsgruppen, 5.) Achtung der Rechtsstaatlichkeit, 6.) Achtung internationaler Verhaltensstandards und 7.) Achtung der Menschenrechte. Zudem beschreibt ISO 26000 sieben Kernthemen, die wiederum mehrere Handlungsfelder umfassen.

3.3 Good Practices im Bereich „Prozesse"

3.3.1 Diskursive Rollenklärung

In einer integren Organisation sind die Rollen und die Verantwortlichkeiten der einzelnen Organe in Bezug auf ethische Fragen geklärt. Als Diskussionsgrundlage für die Rollenklärung eignet sich das Schema in Abb. 3.3:

Ein Beispiel eines ausgefüllten Schemas zur Aufgabenteilung im Integritätsmanagement wurde im ersten Kapitel vorgestellt (vgl. Kap. 1.5.7). Schon die Diskussion um Rollen, Verantwortlichkeiten und Erwartungen der verschiedenen Stufen kann eine fruchtbare und katalysierende Wirkung zeigen.

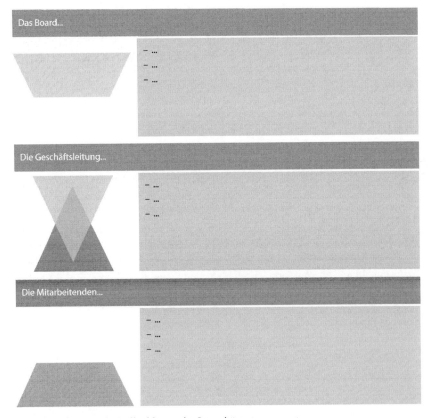

Abb. 3.3 Schema zur Rollenklärung im Integritätsmanagement

3.3.2 Regelmässiger Reflexionsraum

Ein regelmässiger Reflexionsraum ist die minimale Umsetzung eines Integritätsmanagements. Dies beinhaltet Zeit und Raum in der Organisation, um regelmässig ethische Fragen aus der Praxis zu diskutieren. Es handelt sich dabei um einen Moment der Reflexion, in dem Beteiligte und Betroffene darüber sprechen, wo der Schuh drückt. In Team- und Abteilungssitzungen sollen ethische Fragen in regelmässigen Abständen in die Tagesordnungspunkte bzw. auf die Traktandenliste gesetzt werden. Im ethischen Reflexionsraum werden Dilemmas, Grauzonen und Grenzfälle gemeinsam diskutiert und geklärt. Dabei können konkrete, manchmal auch fiktive Fallbeispiele aus dem Alltag aufgegriffen und diskutiert werden. Ein solcher Reflexionsraum ist insbesondere dann wichtig, wenn Mitarbeitende besondere Verantwortung übernehmen müssen (vgl. Kap. 1.4.7). Dazu gehören beispielsweise Organisationen wie Altersheime, Behindertenheime oder Spitäler. Idealerweise beteiligen sich auch Betroffene, um ihre Sicht in die Diskussion einzubringen. Der regelmässige Reflexionsraum dient letztlich der Sicherstellung eines (quasi-)öffentlichen Diskurses im Sinne der Leitidee D4 (vgl. Kap. 1.4.8).

3.3.3 Ethik-Hotline und Ethikbeauftragte

Eine integre Organisation bietet ihren Mitarbeiten eine Stelle, an welche sie sich bei ethischen Dilemmas wenden können. Diese Stelle kann je nach Grösse der Organisation verschieden ausgestaltet sein. Der Ethikbeauftragte ist ein Ombudsmann, der interne oder externe Klagen über Missbräuche entgegennimmt und versucht, Konflikte zu entschärfen. Besonders schwierig ist eine Situation für Mitarbeitende, wenn ethisches Fehlverhalten von Vorgesetzten vorliegt. Die Mitarbeitenden geraten hier in einen Konflikt einerseits zwischen der Loyalität zu den Vorgesetzten und andererseits zu ihren eigenen Wertvorstellungen oder jenen der Organisation. Eine Ethik-Hotline, also eine Meldestelle für ethisches Fehlverhalten, soll anonym und vertraulich sein. Die Beschwerdestelle kann ausgelagert werden, um eine grössere Unabhängigkeit sicher zu stellen. Bei KMUs kann auch ein externer Anwalt mit dieser Aufgabe beauftragt werden. Grosse Unternehmen setzen zuweilen Gremien wie Kommissionen, Ausschüsse oder ganze Abteilungen ein, welche die Unternehmensführung in ethischen Belangen beraten und Ethikprogramme konzipieren und umsetzen (Göbel 2013, S. 244 ff.).

3.3.4 Checklisten zur Korruptionsbekämpfung

Korruption ist nicht nur ein Problem grosser, internationaler Unternehmen, sondern kommt auch in kleineren und mittleren Unternehmen vor. Transparency International Schweiz bietet zwei handliche Broschüren zum Thema an. Die erste Publikation beinhaltet Geschäftsgrundsätze für die Bekämpfung von Korruption. Sie zeigt, wie ein KMU Prinzipien definieren und ein Anti-Korruptionsprogramm entwickeln kann. Die zweite Publikation beinhaltet eine Checkliste zur Selbstevaluation, die Bereiche wie Unternehmensführung, Personalwesen, Finanz- und Rechnungswesen, Verkauf und Einkauf umfasst. Die Checklisten erlauben es einem KMU, seine eigenen Anstrengungen zur Korruptionsprävention und -bekämpfung zu prüfen und allenfalls zu verbessern. Die Publikationen können auf der Webseite von Transparency International Schweiz heruntergeladen oder bestellt werden (www.transparency.ch).

3.3.5 Compliance-Radar

Ein Compliance-Radar ist eine periodische Befragung der Mitarbeitenden zur Einhaltung reglementarischer Vorgaben. Es handelt sich dabei klar um eine Compliance-Massnahme. So führt beispielsweise der Schweizer Technologiekonzern Schindler weltweit alle vier Monate einen Compliance-Radar mit fünf zentralen Fragen durch. Darin werden Mitarbeitende zum Umgang mit Kunden und mit der Konkurrenz befragt. Der Hintergrund dieser Massnahme war eine Busse von EUR 143,7 Mio. wegen der Teilnahme an einem Liftkartell, die der Gerichtshof der EU im Jahre 2013 gegen Schindler verhängt hatte. Heute bezeichnen die Schindler-Verkäufer den Compliance-Radar als Wettbewerbsvorteil, z. B. bei Auftritten gegenüber ihren Kunden, in welchen sie vor Jahren noch in heikle Situationen gerieten.

3.3.6 Software zum Integritätsmanagement

Das Integritätsmanagement kann als Teil der Corporate Governance einer Organisation verstanden werden. In Zusammenarbeit mit vier Wirtschaftspartnern hat die Hochschule Luzern eine Self-Assessment-Software entwickelt, die eine Selbsteinschätzung der zentralen Bereiche der Corporate Governance einer Organisation ermöglicht, inklusive des Integritätsmanagements. Das zugrunde liegende Luzerner Governance Modell liefert ein verifiziertes Managementmodell zur Steuerung und

Kontrolle von Niederlassungen (englisch: Subsidiaries) und erfasst die wichtigsten Themen in sechs Grundlagenmodulen (Renz et al. 2014; Renz und Böhrer 2012):

- Das System-Management beschäftigt sich mit dem ganzheitlichen Verständnis des Unternehmens, seiner Umwelt, der Anspruchsgruppen und des Kontexts.
- Das Mission-Management befasst sich mit Strategie, Struktur und Kultur – Elemente, die Ordnung ins System Unternehmen bringen.
- Das Integritätsmanagement beschäftigt sich mit den Werten guter Zusammenarbeit. Durch Bewusstseinsförderung und das Einrichten von Prozessen und Instrumenten können Compliance und ethisches Verhalten sichergestellt und Reputationsverluste vermieden werden.
- Das Anspruchsgruppen-Management besteht aus Definition, Identifizierung, Management und Kontrolle der Stakeholder.
- Das Risikomanagement beinhaltet den gesamten Risikomanagementprozess, von der Risikodefinition über die Bewertung der hierarchiestufengerechten Risiken bis hin zur Schulung spezifischer Risiken.
- Das Audit-Management beschäftigt sich sowohl mit den gesetzlichen Anforderungen als auch mit der Effektivität, Effizienz, Relevanz und Rolle interner und externer Audits.

Mit Hilfe der Software können auch Unterschiede in der Einschätzung von Governance-Themen zwischen dem Board, der Geschäftsleitung und verschiedenen Managementstufen erfasst werden. Weitere Informationen und auch das Login zur Applikation sind auf der Website von Subsidiary Governance zu finden (www.subsidiarygovernance.ch).

3.4 Good Practices im Bereich „Menschen"

3.4.1 Führungskräfte als Vorbilder

Leitbilder und Verhaltensrichtlinien taugen nichts, wenn sich Führungskräfte nicht selber daran halten. Der Fisch stinkt vom Kopf her. Unter den Mitarbeitenden wird Gleichgültigkeit oder gar Zynismus aufkommen, wenn sich Führungskräfte selber über die proklamierten Werte hinwegsetzen. Mitarbeitende erwarten von Führungskräften eine bestimmte Grundhaltung und Charaktereigenschaften, die man auch als Tugenden bezeichnen kann. Die Auswahl von Tugenden für verantwortliche Führungskräfte umfasst Anerkennung, Bescheidenheit, Fürsorge, Dienstbereitschaft, Ehrlichkeit, Freundlichkeit, Gerechtigkeit, Integrität, Kreativität, Respekt, Standfestigkeit, Verlässlichkeit und Wohlwollen (Maak und Ulrich 2007, S. 389 ff.). In dieser Liste der Tugenden klingen die Kardinaltugenden an, die bereits Platon beschrieben hat, nämlich Gerechtigkeit, Klugheit, Bescheidenheit und Tapferkeit (vgl. Kap. 1.2.3). Die Tugendethik Einzelner hat aber durchaus auch ihre Grenzen. Um zu verhindern, dass die Anständigen die Dummen sind, braucht es zusätzlich ausformulierte Grundsätze und Verhaltensrichtlinien der Organisation. Nicht nur die einzelnen Menschen müssen ethisch sein, sondern auch die Organisation selber.

3.4.2 Workshop zu Spannungsfeldern

Es bedarf keiner grossen Schritte, um ethische Herausforderungen gezielt anzugehen. Eine pragmatische Möglichkeit stellt ein ca. zweistündiger Teamworkshop zu Spannungsfeldern in der Organisation dar. Dabei ist folgender Ablauf ratsam:

1. Zielsetzung klären: Es muss betont werden, dass es um eine erste Auslegeordnung geht, noch nicht um die Erarbeitung von Lösungen. Dazu braucht es einen offenen Geist und den Willen, sich anhand konkreter Beispiele über Wertefragen zu unterhalten.
2. Brainstorming durchführen: Auf einem ersten Flipchart wird eine Liste von etwa 10 eigenen ethischen Herausforderungen zusammengetragen.
3. Spannungsfelder eruieren: Mit dem einfachsten Beispiel beginnen und gemeinsam die beiden Pole des Spannungsfeldes identifizieren.
   Welche Pole stehen einander gegenüber?
   Was ist das Sachproblem?
   Was ist das ethische Problem?
   Was ist das organisationale Element?
   Die Spannungsfelder werden anschliessend auf einem zweiten Flipchart dargestellt.
4. Metaebene einnehmen: Jedes Teammitglied stellt sich – am besten nach einer Pause – auf die Metaebene. Was sehen die Teammitglieder vor sich?
   Was hat die Diskussion bewirkt?
   Was soll mitgenommen werden?

Ein derartiger Workshop tastet sich auf behutsame Art an schwierige Themen heran. Wichtig ist, dass die Erwartungen der Teilnehmenden noch nicht über den Workshop hinausgehen. Zudem gilt: Oft ist mit der Thematisierung bereits der erste Schritt zu einer Lösung getan (vgl. Kap. 1.3).

3.4.3 Ethik-Spiel mit Multiple-Choice-Fragen

Eine weitere Möglichkeit, sich an Dilemmas und Tabuthemen heranzutasten, ist das Ethikspiel mit Multiple-Choice-Fragen. Die Abb. 3.4 zeigt eine Beispielfrage mit vier Handlungsoptionen. Das Spiel wird in Gruppen gespielt; die Anleitung dazu lautet:

1. Lesen Sie die kurze Beschreibung der ersten Frage und die möglichen Antworten.
2. Diskutieren Sie die Antworten in der Gruppe. Achten Sie auf Interessen und Konfliktfelder.
3. Bewerten Sie die Antworten, indem Sie die Rangfolge für die Antworten festlegen (1.=beste Lösung, 4.=schlechteste Lösung): z. B. B – C – A – D
4. Vergleichen Sie die offizielle Rangfolge mit Ihrer Rangfolge. Diskutieren Sie die offizielle Lösung.
5. Zählen Sie Übereinstimmungen mit der offiziellen Lösung. Jede Übereinstimmung ergibt einen Punkt. Z. B. offizielle Rangfolge B – A – C – D; Ihre Rangfolge: B – C – A – D, ergibt 2 Punkte für B und D.
6. Lesen Sie die nächste Frage.

Die richtige Reihenfolge unter den Handlungsoptionen kann je nach Firmenkultur durchaus verschieden sein. Eine grosse internationale Unternehmung erlaubt vermutlich den Mitarbeitenden nicht, irgendwelche Geschenke anzunehmen. Die richtige Reihenfolge lautet dann: D – C – B – A. Ein kleines KMU hat wohl kei-

---

Frage: Geschenke

Sie sind als Vertreter/in Ihrer Firma an einer Konferenz. Ein Lieferant überreicht allen Teilnehmenden der Konferenz ein kleines elektronisches Gerät im Wert von 50 Franken als Geschenk. Was sollen Sie tun?

A) Sie nehmen das Geschenk an. Da das Geschenk nur 50 Franken kostet, ist es unproblematisch.

B) Sie nehmen das Geschenk an, aber benachrichtigen den/die Vorgesetzte/n. Wenn er/sie findet, dass Sie es zurückgeben sollen, geben Sie es zurück.

C) Sie nehmen das Geschenk an, wenn eine Ablehnung Sie selber oder Ihre Firma in eine heikle Situation bringen würde.

D) Sie lehnen das Geschenk höflich ab.

Abb. 3.4 Beispiel für eine Multiple-Choice-Frage

ne formelle Regelung zu Geschenken oder die informelle Regel besagt, dass Geschenke ohne grösseren Wert unproblematisch sind. Die richtige Reihenfolge lautet dann: A – B – C – D.

Das Ethik-Spiel enthält idealerweise Beispiele aus der eigenen beruflichen Erfahrung der Gruppe. Das Beispiel zeigt, dass die richtige Lösung eines Dilemmas auch vom Kontext abhängig ist. Die Handlungsoptionen können zur Diskussion oder Festlegung der besten Option für ein bestimmtes Unternehmen dienen. Das Spiel lässt sich mit oder ohne Punkte spielen.

3.4.4 Weiterbildung zur ethischen Kompetenz

Das Ziel einer Weiterbildung zur ethischen Kompetenz ist es, das Moralbewusstsein der einzelnen Mitarbeiter und damit auch einer ganzen Organisationen zu fördern. Die individuelle moralische Entwicklung erfolgt in verschiedenen Stufen. Ziel der moralischen Entwicklung ist ein fortschrittliches Moralbewusstsein, welches sowohl unkritisch übernommene Konventionen als auch blosse Nützlichkeitsabwägungen hinter sich lässt. Ein solches Moralbewusstsein orientiert sich einerseits an universellen moralischen Prinzipien des gerechten Zusammenlebens und beinhaltet gleichzeitig auch fürsorgliche Elemente. Zusätzlich wird die Fähigkeit verlangt, die Prinzipien in situativer Weise im Rahmen des eigenen moralischen Ermessensspielraums anwenden zu können. Damit ist eine umfassende Reflexionskompetenz gemeint. Zur Förderung der ethischen Kompetenz eignen sich am besten Formen des Erfahrungslernens mit vorbereitenden Informationsphasen und nachbereitenden Reflexionsphasen (Maak und Ulrich 2007, S. 471 ff.).

3.5 Zum Schluss

Der Alltag in Unternehmen und anderen Organisationen zeigt, dass sich ethische und ökonomische Anforderungen auf den ersten Blick oft widersprechen. Die Lösung ethischer Dilemmas in Unternehmen, Behörden und NGOs gehört aber selbstverständlich zu den Managementaufgaben. Es ist Aufgabe eines integren Managements, eine Abwägung verschiedener Ansprüche vorzunehmen und kluge Entscheidungen zu fällen. Ethische Dilemmas können systematisch durchdacht und einer Lösung zugeführt werden. Wir hoffen, dass diese Einführung in das Integritätsmanagement dabei eine Hilfe ist.

Literatur

Bundesministeriums für Arbeit und Soziales. (2011). Die DIN ISO 26000. Leitfaden zur gesellschaftlichen Verantwortung von Organisationen. Ein Überblick. http://www.csr-in-deutschland.de/fileadmin/user_upload/Downloads/BMAS/ISO/Leitfaden-csr-din-26000.pdf. Zugegriffen: 1. Juli 2014.

Göbel, E. (2013). *Unternehmensethik. Grundlagen und praktische Umsetzung* (3. Aufl.). Stuttgart: Lucius & Lucius.

Maak, T., & Ulrich, P. (2007). *Integre Unternehmensführung – ethisches Orientierungswissen für die Wirtschaftspraxis*. Stuttgart: Schäffer-Poeschel Verlag.

Renz, P., & Böhrer, N. (2012). *Niederlassungen führen. Mit Subsidiary Governance zum Erfolg*. Berlin: Springer Gabler.

Renz, P., Lötscher, A., Riedweg, W., & Stricker, S. (geplant 2014). Das „Luzerner Governance-Modell". Soziale Organisationen systematisch führen und Schwachstellen erkennen. In A. Fritze, B. Wüthrich, & J. Amstutz (Hrsg.), *Soziale Versorgung zukunftsfähig gestalten*. Wiesbaden: Springer.

United Nations (UN). Global Compact. http://www.unglobalcompact.org/. Zugegriffen: 1. Juli 2014.

Sachverzeichnis

A
Ablaufschema, 31
 Schritt 1, 32
 Schritt 2, 32
 Schritt 3, 33
 Schritt 4, 34
 Schritt 5, 34
Alkoholproblem, 85
Anerkennung
 emotionale, 26
 rechtlich-politische, 26
 soziale, 27
Anerkennungsethik, 12
Anspruchsgruppe, 98
Arbeitgeber, 82
Arbeitsnorm, 101
Auftrag, 60
Auftragsvergabe, 62

B
Belästigung, sexuelle, 90
Bestechung, 41

C
Checkliste, 104
Compliance
 Programm, 100
 Radar, 104

D
Dialog, 98
Dienstweg, 68

Dilemma, 20
Diskriminierung, 51
Diskursethik, 14
Diskurs, öffentlicher, 30

E
Einstellung, verständigungsorientierte, 28
Engagement, 32
Entlassung, 74
Entscheidung, 33
Ethik, 6
 Fundament, 24
 Grundbegriffe, 6
 Grundfrage, 7
 Hotline, 103
 Paradigmen, 9
 Programme, 99
 Spiel, 107
 Standards, 100
Ethikbeauftragte, 103

F
Fehlverhalten, 84
Folgenethik, 11
Freiheit, 13
Führungskraft, 105
Fundament, ethisches, 24

G
Gefälligkeit, 43
Gerechtigkeit, 13

Geschenk, 43
Gesinnungsethik, 9
Gesundheit, 66
Gleichberechtigung, 53
Goldene Regel, 11
Good Practices, 95

H
Hidden Agenda, 78
Hierarchieebene, 35
Hintergedanken, 20, 78

I
Integrität, 4, 35
Integritätsmanagement, 2, 31, 95
　Fallbeispiele, 39
　Prozess, 31
Integritätsprogramm, 100
Interesse an legitimem Handeln, 28
ISO 26000 Standard, 100

K
Kanäle, informelle, 18, 68
Kardinaltugend, 10
Kategorischer Imperativ, 11
Kompetenz, ethische, 108
Korruption, 41
Korruptionsbekämpfung, 100, 101

L
Leistungsbeurteilung, 70
Leistungsmessung, 70
Leitbild, 98
Leitideen
　D1, 28
　D2, 28
　D3, 29
　D4, 30
　guter Zusammenarbeit, 24, 97
　R1, 26
　R2, 26
　R3, 27
Leitlinien-Workshop, 97
Liebe, 12
Lobbying, 46

Lohnsysteme, 71
Lösungssuche, 33
Lösungsumsetzung, 34
Loyalität, 82

M
Menschenrechte, 101
Mobbing, 87
Monitoring, 34
Moral, 7
Multiple-Choice-Fragen, 107

N
Nicht-Integrität, 23

O
Organisationsentwicklung, 34

P
Parteienfinanzierung, 46
Pflichtenethik, 10
Preispolitik, 49
Produktequalität, 64
Produktesicherheit, 64
Produktinformation, 48

R
Recht, 7, 12
Reflexionsraum, 103
Rekrutierung, 51
Religiosität, 56
Rollenklärung, 102

S
Schmiergeld, 41
Selbstbeziehung, 13
Sensibilisierung, 32
Sicherheit, 66
Software, 104
Solidarität, 13
Spannungsfeld, 16, 106
　Analyse, 32
　ethisches, 17

Sachverzeichnis

T
Tugendethik, 9

U
Überzeugung, 76
Umweltschutz, 101
UN Global Compact, 100
Unternehmensethik, 3
Unternehmensführung, integre, 5
Unternehmensverantwortung, 3
Utilitarismus, 12

V
Verantwortung, 2
　differenzierte, 29
　Elemente, 3
Verantwortungsethik, 12
Verhaltenskodex, 98
Vorbild, 105

W
Weiterbildung, 108
Wertesystem, 14
Whistleblowing, 80
Wirtschaftsethik, Ebenen, 3
Workshop, 106

Z
Zulieferkette, 57

Druck: KN Digital Printforce GmbH · Schockenriedstraße 37 · 70565 Stuttgart